会社◆仕事◆人間関係が

「もうイヤだ!」と思ったとき読む本

斎藤茂太◆Saito Shigeta

あさ出版

はじめに

人間誰しも「もうイヤだ」と思うことがある。

逆に言えば、「もうイヤだ」と思わない人間などいないのだ。

私など、根がいいかげんなものだから、困難にぶつかるたびにすべて投げ出したくなる。そんなことはこれまで何度も経験した。

戦後しばらく、戦災でまる焼けになってしまった病院を再建するため、経営のとても厳しい時期があった。すぐに私は、母に泣きついた。当時、母は父の印税を一手に管理しており、親子だから簡単に、あわよくば無償で資金を融通してくれるだろうとたかをくくっていたのである。

ところが、母からの返答は、契約書を作成して、正式な手続きを踏んだ上でなら、お金を貸す、しかも利息はしっかりとるという銀行さながらの対応であった。

仕方なく私は母の融資を受け、それ以降、経営の立て直しと、借金の返済に苦労するつらい日々が続いたのである。正直私は、母を恨みもした。何度「もうイヤだ」と思ったかはしれない。それほど厳しい母親だったのである。

しかし、今になってみると、あれはとても大事な経験だったと言えるのだ。あの厳しさを経験したおかげで、私はまがりなりにも一人前の病院経営者になれたと思っている。

振り返ってみるに、これまで味わってきた数々の「もうイヤだ」という体験は、すべて私にとって後々プラスに働いていったようだ。

結局のところ、私たちが「もうイヤだ」と感じている状況のすべては、「人生の雨季」のようなものではないだろうか。

雨の日というのは気分がすぐれないものである。特に梅雨の時季などはうっとうしいことこの上ない。東南アジアなどではそれが何カ月にも及ぶ。それにもかかわらず、私たちはもう雨など降らなければいいとは思わない。それは、雨が、私たち人間を含め生きとし生けるものにとって、存在し生長し続けていく上で欠かせないものだと知っているからだ。

そして、私たちは雨季がいずれ終わり、雲間からまた太陽が顔をのぞかせることも知っている。

あなたが「もうイヤだ」と感じたことも、言ってみればあなたが成長する上での良薬だと思ったほうがいい。そのときはつらくても、あとから振り返れば、必要不可欠なものだったと気づくのである。

「もうイヤだ」を、人間として大きくなるチャンスだととらえてみよう。それだけで気持ちが楽になるはずだ。

つらいことも付き合い方を少し変えるだけで、心は不思議なくらい前向きになる。

これから、私の人生経験はもちろん、医師としての経験も踏まえて、「もうイヤだ」という気持ちに対処するさまざまなヒントを述べてみたい。そのうちのいくつかでも読者であるあなたの心が軽くなるきっかけになれば幸いである。

斎藤茂太

もくじ

第1章 「もうイヤだ!」と思ったあなたへ

第2章

会社の「もうイヤだ！」をラクにする

第3章

人生の「もうイヤだ!」をラクにする

もくじ

第4章

「もうイヤだ！」を生まない暮らし方

もくじ

第5章

心が前向きに変わるヒント

第1章

「もうイヤだ!」と思ったあなたへ

「もうイヤだ！」と思えれば、あとはよくなるだけ

「もうイヤだ」という状況におちいったとき、人はどん底の気分を味わうものである。しかし、意外に思うかもしれないが、人間、どん底までいくことができれば、実はしめたものなのである。

悩んでいるときに、解決策が簡単に見つからないのは当たり前なのだ。たとえ、解決策が見つかっても、それは自分がやりたくないことである場合が多い。「ああすればこうなるからイヤだ。あの方法もイヤだし、この方法もしっくりこない。いったいどうすればいいのだろう」と悩み、身動きがとれなくなって、どんどん落ち込み、深みにはまっていく。

ところが、いろいろな道が断たれ八方ふさがりになったときに、初めて見えてくる道がある。

それが自分のほんとうに進むべき道なのだ。

何もかも手放さなければならないようなときに、「これだけは失いたくない」と思

うものがある。

それが、あなたが人生でほんとうに大切にしたいものだ。たくさんのものを持っているときにはわからない。

それを失ってみて、初めて自分にとってほんとうに必要なものがわかるのだ。

それをつかんではい上がった人は強い。

自分がほんとうに大事にしたいものをしっかり握って生きていけるのだから、迷いも少なくなるだろう。とことん迷った末に自分でつかんだ実感だ。次に迷ったときには、どちらを選べばいいかすぐにわかる。

反対に、中途半端に悩み、自分をごまかしている人は、いつまでたっても、ほんとうに自分が欲しいものが何なのか、実感できないのではないだろうか。

しかし、かといって、部屋の中で悩みながら一歩も動かないのでは、それもまた、なかなか結論にいきつかない。やってみて「これはダメだった」、またやってみて「これもダメだった」と試行錯誤しながら行動していくことは大切だ。

あなたは、これまでの人生で、とことん悩んだ時期があるだろうか。

もし、今がそうならば、あるいはそんな機会がいずれやってきたら、チャンス到来だ。とことん悩んでみるといい。

「もうイヤだ」という状況は、実は、自分が人生に何を求めているのかが見えてくる好機なのである。

イヤなことには必ず終わりがある

行き詰まってしまった人間には、先が見えない。そして、先が見えないからこそ、ますます悩むのだろう。

ある経営者が、テレビでこんなことを言っていた。

「景気のいい時期には、みんな、ずっとこの状況が続くと思っている。しかし、景気のいい時期もいつかは必ず終わるのだ。そして、不況になると、今度は、ずっと不況が続くと思っている。これもいつかは必ず終わるのだ。だから私は、不況のときに投資をするのだ」

確かにそうだと思う。これまでの歴史を見ても、世の中の流れは発展するときもあれば、縮小するときもある。

しかし、実際に不況のときに、思い切った投資ができる勇気は普通はない。それをできる人間が成功するのだろう。

大切なことは、いつまでもイヤになる状況が続くように思い込んで、必要以上に暗くなるのは、もうやめようということだ。

苦しい状況は、いつか必ず終わる。いつか状況は変化する。それは信じていい。

だから、苦しいときこそ、守りに入らず、思い切った挑戦をしてみよう。失敗したっていい。失敗のない成功はない。何回かの失敗が、次の大きな成功につながるのである。

人生には苦しいことは何度もある

もうずいぶん昔のことになるが、私の末の息子が小学生の頃に、泰山木の苗木をもらってきた。

そこで私は、この苗木を箱根にある山小屋に植えることにした。

毎年春が来て箱根の山小屋に出かけると、そのたびに今年はどうなっているか、どのくらい生長しているかと期待していた。

だが、そうした私の期待を裏切るように、泰山木は私が箱根を訪れるたびに、前の年に伸びていた枝が雪によって折られていた。

しかしそんな逆境にもめげず、この泰山木は、毎年、折られては伸び、また折られては伸びと、そんなことを繰り返しているうちに、少しずつ生長して、十数年のあいだにとうとう私の背丈と同じくらいになったのである。

私は箱根の地を訪れるたびに、わずかながらでも生長しているこの泰山木に会うのを、まるで我が子の成長を見ている親のように楽しみにしていたものだ。

人間もまた、この泰山木のように折られても折られても、その成長を止めることがないものであろう。

そればかりか、何もなく平穏無事に過ごせる人より、踏まれたり叩かれたりしながら頑張って生きてきた人のほうが、より人生を充実させられると言えるような気がするのである。

人間、特に社会に出れば、それなりの苦労はある。だからといって、その苦労から逃げていたのでは進展はない。

「苦あれば楽あり」などと型どおりのことを言うつもりはないが、人生には、もうイヤだと感じる苦しいことが何度もあるのだということは知っておいてほしい。

行き詰まってしまったあなたにしてほしいこと

人間は、生き続けていくかぎり、新しいことに取り組まなければならない存在である。小学校を卒業すれば中学校の勉強が待っている。次は高校だ。学校を出たら仕事を覚えなければならない。ようやく仕事を覚えたと思ったら先輩として、今度は後輩の面倒を見なければならない。

自分の得意な範囲だけでやっていくことができれば、こんなに楽なことはない。

しかし人生は、どうもそういうふうにはできていないようだ。そのままやっていこうと思っても、そうはいかない状況が必ず起きてくる。

そんなとき、人は行き詰まる。

そして、すっかり自信をなくしてしまう人も多いが、でも、ちょっと考えてみてほしい。

　誰だって、新しいことを始めたときは、その分野では小学校一年生と同じなのだ。二十数年それなりに頑張って生きてきても、会社に入ったら、まだあなたは社員としては新米だ。上司が厳しかったり、自分の思いどおりにいかないことがたくさんあって当たり前なのだ。

　ジョギングで、それまで五キロを楽に走ることができていたので、距離を十キロに伸ばしたとする。そのとき、あなたがへばってしまったとしても、仕方がないのだ。

　それはあなたの実力が落ちたわけではない。今でも五キロの距離なら楽に完走できるだけの能力は十分にあるのだ。十キロを走ることが苦しいからといって、そんなに落ち込む必要はない。

　だから、あなたが行き詰まって気分が落ち込んできたときには、自分の得意なところに戻ってみてはいかがだろうか。楽々とうまくできることをやってみれば、あなたが今まで培ってきたものが決して失われたわけではないことに気づくはずだ。

　自分のできないことばかりに遭遇して自信をなくしてしまったときは、まずできることをやって、自信を取り戻そう。このテクニックを、ぜひ活用してほしい。

誠実だからあなたは悩む

それでも行き詰まってしまったあなたは、何をするべきか。

答えは、いたって簡単である。これまでのやり方、もしくは自分自身を変えればいいのである。しかし、これは言うは易し。実行するのはものすごく大変なことである。まず、自分が信じて生きてきた、その生き方を否定しなければならない。これはとてもつらいことだ。アイデンティティの危機である。たとえ他人が、「こうしてみたらどうだ」と助言してくれても、それはとうていやすやすと受け入れられない方法であることが多いだろう。例えば、

「君が上司とうまくいかないのは、愛想がないように見えるからだよ。もう少し、愛嬌を持ってふるまってみたらどうなんだ」

と言われたとしよう。しかしあなたは、調子よくお世辞を言う人間が何より嫌いで、それが自分の誠実さだと信念を持って生きてきた。それを「なるほど、そうか」と次

の日から、調子のいい人間に変わることができるだろうか。

私は、できるとは思わない。少なくとも私は、そんなに調子よく自分のやりかたをころっと変えられる人は信用できない。

自分のやり方を守って生きており、それを変えなければならないときには、とことん苦しむ人のほうが、人間として信頼できると思う。また、そういう人間のほうが、変わるときには、ほんとうにしっかりと変われるものなのである。

つまり、あなたが悩んでいるということは、人間として誠実に生きている証なのだ。自分の信条をしっかり持ち、一貫して生きている人間なのだということを証明しているのである。だから、自信を持っていただきたい。

これまでの自己を否定する必要はまったくない。これまでの自己を認めた上で、少しずつ変わっていけばよいのである。少しずつ変わっていく過程では苦しみ、たくさん悩むだろう。それは言ってみれば産みの苦しみだ。痛みのない出産はない。悩み、苦しんだ先には、きっと新しいあなたがいるはずだ。

行き詰まったら大いに悩んでほしい。そして新しい自分をつくっていこうではないか。

可能性のない人生なんてない

努力が報われない。ひどい仕打ちを受けた。疎外感を感じる。思いが伝わらない。正当に評価されない。このようにあなたが困難な状況に直面したとき、「自分はもうダメだ」と思い込むのと、「もう一度気持ちを新たにして頑張っていこう」と思い直すのとでは、大きな違いがある。

「自分はもうダメだ」と決めつけてしまうと、無意識のうちに「うつ病」のような病気に逃げ込むことになってしまう。

その心の奥には、周囲の人に関心を持ってもらいたい、同情してもらいたいという気持ちが潜んでおり、それがかなわないとなると安易で、退廃的な生活の中に逃避してしまうようだ。

しかし人生とは、どんな状況になろうとも、そこにその人なりの希望の光を見出すことができるかどうかが重要なのである。荒涼とした、不安の空気が色濃い現在ではあるが、もう一度、今を生き抜いてみよう。

人生八十年時代、先はまだまだ長い。先の見通しがつかないからといって、絶望してしまうわけにはいかないのである。

可能性のない人生なんてあり得ない。自分自身の中に目的と活力を見出したとき、そこがいつでもあなたの出発点なのだ。

万が一、死にたくなったら

あなたが悩むのは、それがあなたの成長につながる形のものであれば、大いに結構であると述べた。

しかし、それが「もうイヤだ、生きていくことすらイヤになった」というところまでいってしまうと問題だ。

不幸なことに、ここ数年で国内の自殺者の数は急増した。警視庁の発表によれば、平成九年まで二万四、五千人で推移していた年間自殺者数が、平成十年に入って一挙に三万二千人台に上昇し、今日までその水準で推移している。

そして、さらにこの数字の裏には、その何倍もの数の未遂者などの予備軍がいるはずである。

人間は叩いても死なないような図太さを持っている半面、どうしてあんなことでと思われるような些細な理由で、簡単に自殺に踏み切ってしまう場合がある。また本人も、それほど深刻に追い詰められた感情は抱いていなかったのに、死を選ぶ方向へといってしまったということもあるだろう。

そのような状況での自殺は、特に内向的な性格の人に多いようだ。まわりから見れば、少し努力すれば解決できそうなことでも、日頃から厭世的な人生観を心の底に宿していると、ちょっとした困難にぶつかったはずみで、自分で自分をがんじがらめに縛りつけてしまう。その結果、死に向かって突っ走ることもある。

自殺にはさまざまな形があり、復讐心によるもの、激情に支配されてのもの、また逃避型のものもある。なかでももっとも多いのが「うつ」的な感情の高まりによるものだ。これを「精神症状による自殺」と呼ぶが、実に自殺の八割が、「うつ」状態によるものなのだ。

自殺をする人は、感情が抑うつに支配されている。外見には表れなくても、自殺をする前に激しい落ち込みをしばしば経験する。また、自殺前には周囲との交わりを、拒絶し始めるという兆候もある。

このような兆候が表れたり、もしくは頭に死がよぎったときには、苦しいだろうが、あなたがほんとうに信頼できる人、もしくはドクターに相談してほしい。

特に若い人などは、自殺を公言するような人に、元気づけようとしてか、あるいは冗談のつもりか、つい死ぬことを軽く見るような発言をしがちであるが、そうした発言は逆効果になる場合が多い。

あまりにも本人の思いとかけ離れたことを言うのは、正しいとは言えない。元気づけるとしても、よほどの言葉でなければ、マイナスのベクトルをプラスのベクトルに変えることはできない。先に述べた、あなたがほんとうに信頼できる人、もしくはドクターならば、それができる可能性が高いのである。

また、衝動的に自殺してしまうことのないよう、自分の身を簡単に死ねる状況に置かないことも必要だ。自殺願望があろうとなかろうと、日頃から死んではいけないと強く自らを戒めること。それが、本人にできる最大の自衛策である。

「ぜんぶ自分のせい」ではない

あなたが、「もうイヤだ」と落ち込み、ふさぎ込む。そうしたことは誰にでも起こる。

そして、そのような状態もいつかは必ず終わる。そのことを忘れないでほしい。

しかし、そうした憂うつな気分がいっこうに晴れない、日常の習慣までが重荷に感じられる場合は、うつ病の可能性を疑ってみたほうがいい。

うつ病と呼ぶべき状態にある人で、自分がうつ病だとは思わない人がいる。一方で、少し心がふさいだ状況になると、自分はうつ病だと思ってしまう人もいる。確かにうつ病による気分の落ち込みと、ごく一般的な落ち込みは連続線上にあって、明確に区別することはできない。しかし、うつ病はそのように一時的に訪れる病理ではなく、軽くもない。

うつ病は、ある一定の期間を経て表れる、なかなかやっかいな病気なのだ。

自分に自信が持てず、「どうせろくな世の中ではない。自分なんて何の役にも立たない人間だから、ぜんぶあきらめてしまえ」と考えてしまう。

そうして、深刻な抑うつ気分に襲われ、決断力も失われ、食欲も極端に減退し、不眠に悩まされ、悲観的な考え方にとらわれていく。

そして自分はダメな人間だ、みんなに迷惑をかけている、死んでしまいたいという考えに発展していくのである。

このように、うつ病とは、寂しさ、不安、むなしさ、焦りなど、否定的な感情にとらわれてしまい、極端に孤独感に襲われてしまった人間の精神的疾患だと言うことができる。

こうした症状は、それが病気によるものなのだと受け止めることができればいいのだが、そうでなければ、「自分は暗い」「バカでイヤなやつ」と自分の性格、人格までを否定してしまう。

そんなふうにしか自分のことを思えないのは、つらいことだ。そのつらさに負けて自殺しようと考えたり、実際に自殺してしまう人もいる。

実は私もうつ型の人間だ。自分がうつにおちいったときの気分をよく承知しているから、うつの人の気持ちがよくわかる。だから、うつの人が自殺したという話を聞くと、やりきれなくなる。なんとかして助けてあげたかったと思う。

自分が陰気な性格だ、落ち込むタイプだと思っている人は一度、精神科医の診察を受けてみることをしてほしい。

自分がうつ病だと知ることで「闘病」の気持ちが生まれる。それまで、何もかも自分のせいにして落ち込んでいた人が、闘う相手として自分の「うつ」を直視するようになるのである。

それは心の病かもしれない

とはいえ、実際のところ、うつ病は自分で認識することが難しく、うつ病に関する知識が浸透してきたとはいえ、まだまだ受診率は低いのが現状である。

一つの目安として、次のような徴候が表れたら、うつ病のシグナルとして受け止めて、専門医に相談するのが最良である。

●疲労感、倦怠感がいっこうに抜けない

●何に対してもあまり感動しないし、楽しくない
●何ごともやる気がない
●孤立してしまう、人嫌いになった
●決断力がなくなった
●好奇心、興味がなくなった
●ぼんやりしていることが多くなった
●朝まったくやる気が起きず、夕方から夜に元気になる
●夜中に目覚めてしまう
●自分を責める気持ちが強くなる
●食欲が落ちる、または過食になる
●自殺願望を持つ

このほかにも、被害妄想におちいったり、わけもなく不安になったり、胃痛や下痢・便秘などの消化器障害を起こすといった症状もある。

誰にでもよくあることと思われるかもしれないが、このような通常とは異なる状態

が一週間以上続くようならば、専門医の受診をおすすめする。

うつ病なら、治療によって必ず治る。また、落ち込みを軽くすることができる。最近は、治療薬の質も以前とは比べものにならないほど向上している。

何よりもメリットがあるのは、自分が病気であると認識できることだ。「もうイヤだ」という悩みの原因が、自分の性格や人間性の欠陥に由来するのではなく、風邪などと同じように生理的な由来を持つ病気だと認識することで、つらさが緩和される。

そして、いつかは治る、好転するという確信を持つことができるようになる。

もちろん、認識しただけでうつの気分がなくなるわけではない。どんな病気だって、診断を下すだけで患者が楽になるはずもないのである。ただ、そうはいってもドクターの治療の第一歩は診断である。診断が確定して、初めて治療にとりかかることができるのである。

ドクターに相談することは自然なこと

うつ病はまだまだ受診率が低いのが現状だと書いたが、それはあくまでも私が、誰もが気軽に精神科医の扉を叩いて、早く元気になってほしいと心から願っているからである。

昔に比べれば、状況はかなり改善されていることは事実だ。

私の祖父が日本に精神科医療を紹介し、青山脳病院を開業した頃は、一日の患者数が五、六人だったという。

その一方で、今の私の病院はというと、三つの診療室が絶えずふさがっている状況だ。病がこじれないうちに来院してくださる方が多くなってきた。

その結果、多くの患者さんたちが、入院しなくても通院治療だけで完治して、通常の生活に戻っていかれるようになった。

初めて精神科を訪れるときは誰でも、何をされるか、何を言われるかと不安になるものである。さらに、自分の心のありようを要領よく説明することなど、なかなかできるものでもない。

しかし、特別に身構える必要はない。療法といっても、診察室やカウンセリングルームで、医師やカウンセラーと話をするだけである。

医師やカウンセラーは、まず患者さんをリラックスさせることから始める。それは病状を知るための問診でもあるわけだが、同時に治療の開始でもあるのだ。

患者さんは、自分を理解してもらえると感じることで、孤独感はいくらか癒され、不安も和らぐ。それによって、さらに心を開いて語れるようになる。

そして、自分の心を語ることによって、うつ病になった原因や、なぜ自分は苦しい思いをしているのかが自分でわかってくるのである。

あなたが風邪をひいたとき、病院に行くことになんのためらいも抱かないだろう。心の病も同じ生理的な病だ。

不調を感じたら、ドクターに相談することは恥ずかしいことでもなんでもない。ごく自然なことなのだ。

ほんとうにあなたは孤独だろうか

あなたがうつ病でなくても、つらくなったときは、誰かに思い切り悩みを打ち明けるに限る。

打ち明けたところで、つらさがすぐに解消するということはないかもしれないが、少なくとも打ち明けることで、つらい気分を少しは晴らすことはできる。

誰にも相談せず、ひとりで悩んでいると余計に悩みがどんどん内向し、深くなっていくのだ。

だから、特に内向的な性格の人は、ともかく気軽に何でも打ち明けることができる人を、ひとりでも多く持つことである。

そうしたことができないと、逆に自分は孤独だ、誰も自分をわかってくれないと悪循環におちいってしまう。そもそも、ほんとうに信頼できる人がいないという悩みそのものを訴える人が最近増えているのだ。このような人は、恋人がいないなどという悩みを抱えている人よりも数が多く、そして深刻である。

あなたもそうであろうか。もしそのように感じているのならば、よく考えてほしい。あなたはほんとうに孤独だろうか。誰かひとりくらい、あなたの話をわかってくれそうな人はいないだろうか。あなたには、好きな人はいないだろうか。

周囲の人に、あなたの悩みをいっしょに背負ってくれる力がないと思うのは間違いである。仮にあなたの望むように悩みや苦しみを解決してはくれなくても、あなたの家族や友人でいてくれることには変わりない。

もう少しだけ、まわりの人を信頼して声をかけてみたらどうだろうか。

やさしい言葉や温かい言葉をかけてくれる人は、周囲にもたくさんいるはずだ。困ったとき、苦しいとき、誰か頼るべき人がいる。そう思えれば、何も怖いことはないではないか。

つらいときは、もっと周囲を頼っていい

人に甘えてはいけない、依存してはいけないと思って、ひとりで頑張りすぎる人がいる。最近では「自立」という考え方が浸透してきて、人に頼らず「自立」しなければ

ばいけないという風潮が強い。

しかし、ときには人に甘えることも必要なのである。

ちなみに、小さいときにたっぷり親に甘えて育った子どもは、意外に親離れが早い。ところが、何かの事情で親に十分甘えられなかった子どもは、大人になっても「甘えたい」という気持ちが残ってしまう。甘え足りないのである。小さいときから、自立だ、過保護にしてはいけない、とやりすぎるのも害があるのだ。

子どもにも大人にも「転機」がある。今までより一段と大人になる、成長の節目だ。何か新しいことに挑戦したり、今までとまったく違う道に踏み出すときだ。

そんなとき、人間は少し甘えたくなるものである。新たな自分になって再出発する前に、いっぺん子どもに戻って依存したい。そこで十分に甘えて初めて、ひとまわり成長して立ち上がることができるのである。

大人であればあるほど、「人に甘えられない」と思っている。だから精神的につらい状況におちいったとき、なかなかそこから脱することができない。周囲にグチや不安を口にすることができれば、回復も早いのである。

もし、あなたが、今まで人に頼らず、甘えずに生きてきたのなら、ときには誰かに甘えてみてもいい。あなたがつらくなって人を頼りたくなったとき、それは、あなたが成長する転機かもしれないのだ。

あなたが不安を口にすれば、きっと理解を示してくれる人がいる。

何もかもひとりで背負うのはやめて、大いに弱音を吐いてみてはいかがだろうか。

「平均」「普通」にとらわれるのは、もうやめよう

アンケートをとって、「平均」を出すという方法がある。平均給与は、平均身長は、平均の友人の数は、等々である。自分が「平均的」であるのかどうか、まわりと比べてどうなのか、気になる人もいるだろう。そして、

「普通の人はたくさん給料もらっているんだな。こんなに頑張っているのに自分はこれだけしかもらえないのか」

「私ってほかの人より友達の数が少ないんだ。もしかして私ってどこか変なところがあるのかもしれない」

と、「平均」を基準にして、自分が「普通」でないことに悩む人がいる。

しかし、「平均像」など、実はどこにも存在しない。

周囲を見てほしい。

この人こそ「平均的な人」「普通の人」だと思えるような、「平均君」「平均さん」がいるだろうか。

たぶん、いないはずだ。みんなどこか違っている。どこか変わっている。癖がある。どこかでっぱっていて、どこかひっこんでいる。何もかも平均の人など、ひとりもいないだろう。

よくよく考えれば当たり前の話である。

そもそも、この違っている、変わっているという点が個性という、あなたをあなたたらしめている貴重なものではないか。

統計というのは一つの目安でしかない。あくまでも数字の上のもので、現実のものではない。

だから、誰かが「普通はこうだ」「たいていこうするもんだよ」と言っても、必要以上に気にして悩んだり、落ち込んだりする必要はない。

「そんなの、たったひとりの意見じゃないか」と、おおらかに思えばいい。実際、そうなのだ。私がここで書いていることにしても、それはあくまでも私の考えであって、平均でもないし、絶対的に正しいことでもなんでもない。

平均にこだわるのは、この情報化時代の弊害の一つとも言える。どれもこれも知らないと、自分が後れているように感じるのだ。

平均や普通を気にして悩むあなたは、きっと素直な心の持ち主なのだろう。人の話を素直に受け止める、それ自体はとても素晴らしいことだが、それに振り回されてしまったら、せっかくの自分を見失ってしまうだけだろう。

「平均」「普通」なんか、放っておいたほうがいいと私は思うのだ。

すべての「もうイヤだ！」は幸せにつながっている

あなたが、「もうイヤだ」と苦悩にさいなまれ、この状況がずっと続くのだろうかと悲観的になっていても、人間、普通はそれほど苦悩を維持できるものではない。

もちろん、病気による苦痛や経済的な悩みは別だ。

けれども、気持ちの整理がつかないモヤモヤ、イライラは、それほど長くは続かない。何かのきっかけがあれば、信じられないほどパッと前方の視界が開けるのだ。悩むには体力も必要だし、時間も必要だ。反対に言えば、悩む人というのは体力と、それだけの時間があるのだ。といって、悩んでいる人がヒマだと言っているわけではない。時間があるのなら大いに悩むのもいいと思う。

人生にはプラスの要素もあればマイナスの要素もある。悩むという行為は、それによってマイナスの要素を消化しているのである。

悩みなどないと元気いっぱいの人が大病になったり、いつもくよくよ悩んでいる人が意外に病気一つしなかったりする。たぶん人生のマイナスの要素を、心で処理しているか、体で処理しているかの違いなのではなかろうか。

例えばあなたにとって、マイナスの要素が十ポイントあったとしよう。

そのうちの五ポイントはくよくよ悩んで処理し、残りの五ポイントは風邪か何かで処理するのか。また心では全然悩まないで、十ポイントすべてを体で引き受け病気をするのか。あるいは十ポイント全部を心で悩み、苦しんで消化しているので、体には表れないのか。このように人によってマイナスを処理するやり方はいろいろあるようだ。

また、マイナスポイントの処理能力にも、個人差があるだろう。ある人は十ポイントしか耐えられない。ある人は、二十ポイントまでは耐えられる。ある人は五ポイントでもういっぱいいっぱいになってしまう。

心の許容量もあるだろう。十ポイントまでは心で処理できるが、それ以上のマイナス負担がかかると病気をする、というようにだ。

このように考えてみると、くよくよする人、悩みやすい人というのは、くよくよすることができるだけの力があるというように考えられないだろうか。

つまり、心の許容量が広いのである。マイナス要素に対する許容量が大きいということは、今度はそれがプラスに変わったときにも許容量が大きいということだ。

悲しみや苦しみを感じる力に優れているということは、喜びや楽しみを感じる力も人一倍大きいということなのである。

不幸や悩みは、心を鍛える。心に負担がかかっているときは、きっと、より大きな幸せが入ってくるように、心の許容量を鍛え、増やしている期間なのだととらえてみよう。

今ある不幸の分だけ、幸せはやってくる。そして、どんな悩みも必ず終わる。

つらくはあるが、それだけは覚えておいてほしい。

そう思えば、気持ちは前向きに変わっていくはずだ。

第2章

会社の「もうイヤだ!」をラクにする

会社がほとほとイヤになったとき

望まない仕事をやらなければならない。ものわかりの悪い上司は無理難題を押し付けてくる。頑張っているのにまったく評価してもらえない。「これは会社の決まりだから」だのと、くだらないことをやらなければならない。社内の人間関係で悩んでいる等々。希望を持って会社に入り、毎日一生懸命、仕事に取り組んできた。社会人として、イヤなことも、多少はガマンしてきた。しかし、さまざまな現実に直面するうちに、会社や仕事に疲れ、こんなことを毎日やって一生を終わるのかと思うと、ほとほとイヤ気がさしてしまった。

このような感情を抱いている人は、程度の差こそあれ、決して少なくないだろう。

そのような環境を変えることができればいいのだが、異動を希望してもなかなか望みどおりにはいかない。下手をしたら社内での立場がいっそう悪いものになってしまう。転職も、景気が決していいとは言えない状況の中で、そうそう簡単に実現するものではないだろう。

会社を辞めることができれば簡単だが、生活を考えれば結局、会社に残るしか道はない。そしてますます絶望的な気分になってしまう。

そのような人たちには、次のようにアドバイスをしてみたい。

会社勤めの人にとって、会社や仕事は重要だ。それはわかる。仕事が思うようにいかなければ、むなしい気分になるであろうことも理解できる。しかし、人間は、企業人である前に、一個人である。まずは、人間らしく生きることの大切さを知ることではないだろうか。

あなたのほんとうにやりたいことは何だろうか。それが趣味であるのなら、そうしたものを人生の中心に据えてみてはいかがだろう。

思い当たるものがないという人は、とりあえず何か行動してみてほしい。街へ出かける、友達に電話をする、本を読んでみてもいい。犬も歩かなければ棒には当たらない。そのうち興味を持てるものがきっと見つかるはずだ。

そして仕事は、これまでより少し力を抜いてみる。そうすると、意外に仕事もうまくいきだすかもしれない。

自分は会社の犠牲になっていると思い始めたら、危ない。おそらくそのような人は、会社の仕事に献身的に取り組む真面目な人なのだろう。しかし、過ぎた犠牲的精神は、ときにその人の人生を誤らせることもあるのだ。それでは、とても人間らしく生きているとは言えない。

企業人であるだけの一生には、たとえ金銭的に恵まれていたとしても、そこに何かしらむなしさが漂いはしないだろうか。

もちろん、自分を冷静に仕事人間と分析できているのなら、それでもいいだろう。自分の仕事に生きがいや誇りを持つ。それはそれで素晴らしいことだ。

ただ、その際には、しっかりとした夢を持ってほしい。

そして、その実現のために毎日少しずつでも前進しようと思うことだ。もちろん、計画どおりにいかないこともあるだろう。そんなときには、あまり計画にはこだわらない。ちょっとした休憩と考えればいい。

何ごとも一本調子には進まないものだ。できるときから、また始めればいいのである。この程度の気楽さが必要だ。

夢を追うというのは長い時間がかかることだけに、途中で障害もあるだろう。気力がおとろえて挫折しそうにもなるだろう。

そんなときには「きっと、やれる」と信じて、ゆっくりスタートし直すことだ。

自分を見つめるだけの余裕を持ち、プラスの感情を持てば、きっとうまくいく。

働きすぎているとき

あなたが仕事をするのがほとほとイヤになってしまったことの一因に、あなたが忙しすぎるということはないだろうか。

自分の気持ちを整理するヒマがない。悩みや迷いを聞いてもらうヒマがない。疲れたとき、ゆっくり休むヒマがない。これでは、悩みや迷い、疲れはたまる一方で、吐き出すことができない。

私のところへ、仕事が忙しすぎてノイローゼ気味になった会社員が来たことがある。

彼は、仕事の量があまりにも膨大なため、休日返上で働き、ついには仕事のことが頭から離れなくなってしまったという。

私は彼に、まず休日は必ず休むことと、仕事以外に自分のやりたいことを一つ持つべきだということをアドバイスした。

しかし、彼は休日に休むことには納得したが、仕事以外の目標に関しては難色を示した。結局、私が強硬に主張したために、車の免許をとるため教習所に通いだした。

すると、彼の生活は一変し、身体も心もいきいきとしたものになっていったのである。私が強制的に無理なスケジュールを割り込ませたので、彼は自分の仕事の段取りを見直したのだ。そして、だらだらと仕事をすることがなくなり、時間をうまく使いこなせるようになったというわけである。

「忙しい」という言葉の裏には、さまざまな意味が隠されている。

「ほんとうにこなせないような量の仕事に囲まれていて忙しい」のか、それとも「ただ漫然と忙しいと思い込んでいる」のか、人によってとらえ方は違うだろう。ただ、「忙しい」とグチっている人ほど、どこか時間に振り回されていて、ムダな時間を過ごしていることが多いようだ。

忙しさは、果てしない。だから、忙しがっていると、いつまでたっても自分の時間を生み出すことはできない。やがて自宅や休日にまで仕事を持ち込むようになり、精神的にも疲れてくる。そして、その疲れや悩みを解消するゆとりもなくなってくる。

さらに悪いことに、そのように延々と仕事をしていると仕事自体の能率が落ち、ますます焦って仕事に時間がとられ、袋小路におちいってしまう。

自分の時間をつくることができれば、気持ちを整理したり、気分転換をすることで、少しは気分を晴らすことができるだろう。

そして、自分の時間とは、たいていの場合、ほんとうにつくろうと思えば、なんとかつくることができるのである。

仕事が忙しいことで疲れや悩みを抱えてしまったときは、自分自身に「仕事の能率を上げるために自分の時間を持とう」と言い聞かせ、どこかで忙しさにピリオドを打つ勇気を持つことである。これが多忙をストレスにしない秘訣だと言えよう。

「悪い忙しさ」にがんじがらめになったとき

もっとも私は、忙しさにも「いい忙しさ」と「悪い忙しさ」の二種類があると思う。

もしもあなたが「誰かに使われている」ような気がしているなら、それは「悪い忙しさ」だろう。あなたは自分がやりたいことをやっていない。いつも誰かに命令されて、やりたくもないことをやっている。それは時間に使われているだけで、自分で時間を使っていることにはならない。

しかし、あなたが自分自身でその忙しさを選び取っているのなら、それは「いい忙しさ」だ。あなたは自主的に時間を使っているのであって、時間に使われているのではない。いくら忙しくても、それが自分自身がやりたいことで、積極的な意味を持った時間となるのなら、何の後悔も残らないはずだ。

休日も睡眠時間も惜しんで仕事に没頭しなければならない状況は、多くの人が経験する。新ビジネスの開拓、事業の急激な発展など、いろいろあるだろう。それは、仕事の山場であり、試練のときであり、それを乗り切ることで新しい展望や視野が開けるきっかけとなる。そういうときに全力投球をするのはよい。

だが、誰にも体力、気力の限界はある。二〜三カ月、長くても半年までなら耐えられるだろうが、いつまでもだらだらと続けていると、いずれ燃え尽きるときが来る。

仕事人間は、バリバリ働いている間は貴重な人材だ。しかし燃え尽きてしまえば、会社にとっては困った存在にしかならない。

もし、「悪い忙しさ」におちいっているのなら、ちょっと立ち止まって、自分がほんとうにやりたいことは何なのかを考えてみるといい。もしくは、このように開き直ってしまうのもいいのではないか。

「忙しくたって、まあ、そのうちなんとかなるだろう」と。

「時間」に追われているとき

人間にとって「時間」とはどういう存在だろうか。自分の人生が順調にいっていると感じているときは、仕事にしろ、趣味にしろ、それこそ時間がたつのも忘れて没頭することができる。時間をそれほど意識していないのである。

ところが、仕事でつまずいたり、病気になったりして、逆風を感じているときには、時間が気になって仕方がない。何をするにしてもイライラして落ち着かない。不安にかられてなんとか集中しようとするが、何にも手につかないといった状態になる。

人生がうまくいっていないとき、人間は「時間」に追われているような気分になる。人間が主人なのではなく、「時間」に隷属してしまっている状態だと言ってもいい。

そもそも、この時代、仕事をしている人間というのは、普通の状態でも時間に追われている存在である。取引先と会う約束の時間、仕事を仕上げる締め切りの時間などを守るのは、ビジネスの最低のルールだからだ。

例えば、電車が止まって人と会う約束に遅れそうになったとき、なんとか約束を守ろうとイライラして、焦燥感にかられるというようなことは、誰しも経験があるだろう。こうしたルールでさえ、当人にとってはストレスを増加させるもとになっているのである。

だから、時間に追われてストレスを受けるということを避けるためには、逆に自分が時間の主人になる、つまり時間を管理することである。

例えば人間、どんなに仕事が忙しくたって、歯が痛くなれば、なんとかやりくりして時間をつくって、歯医者に行くだろう。これは、「忙しい」というのはあくまでも感覚的なものであって、その気にさえなれば、自分が主体になって時間をつくり出せるという証拠でもある。

つまり、時間を管理することというのは、実は自己をコントロールする技術にほかならないのだ。

例えば、いくら焦っても仕方がないときは、きちんとあきらめる。そして、その時間を他の有意義なことにあてればよい。ただ焦ってイライラしているより、資料にでも目を通しているほうが何倍も生産的であるし、心の負担も軽くなる。

「時間に振り回されている」と感じている人は、いたずらに時間に追われる前に、まずは自分が主導権を握って時間管理を見直してみることが肝要である。それは同時に健康管理にもつながるはずである。

疲れがたまってしまったとき

働いている人の一日の疲れは、その日の夜に休んで回復し、次の日の朝はまた元気に仕事に出かける。平日の疲れは週末に解消して、月曜日には頭と体をすっきりさせて出社する。ほんとうは、それが理想だ。

しかし実際は、仕事に付き合いにと忙しく、疲労が抜け切れないうちに翌日を迎え、さらに疲れがたまった状態で新しい週を迎えるといった具合に、徐々に疲れを蓄積していく人も多いようだ。

そのような人は休暇をとればいいのだが、なかなか休もうとはしない。

とりわけ仕事のストレスで疲弊している人に限って、「みんなが一生懸命に働いているのに、自分だけ遊んでいていいのだろうか」と、ちょっとした罪悪感を覚えることが多いという。

大半の人間がとっている行動というのは、少数者には無言の圧力となる。よほどのマイペースな人でないかぎり、他人のやっていることは気になるものだ。多少は他人のことが気になる性格のほうが、人間付き合いも上手にやっていけるのだろう。

しかし、いつでも大半の人がやっていることが正しいとは限らない。あなたには、あなたの「正しい行動」がある。ときには大勢に逆らっても、あなたにとっていちばんいいと思える行動をとる必要がある。あなたの心がいっぱいいっぱいなら、なおさらだろう。みんなが働いているからといって、自分が休んではいけないということはないのだ。

そういうときは、自分で自分に根回しをすることが必要だ。「休んでもいい」と自分が納得するように、「健康を管理することも仕事のうち。このままの状態で能率の悪い仕事をしているより、思い切って休養して、元気になってその分を取り戻したほうが会社のためになる」などと自分を説得してみてほしい。

欧米の人たちが、たっぷり休暇をとることは、よく知られている。たっぷり休んで遊ばなければ充電できないことを、彼らはよく知っている。最近は、日本でもようやく「リフレッシュ休暇」制度が設けられるなど、休暇に対する認識が変わりつつあるようだ。

つまり、それだけ休息というのは、いい仕事をする上で、そして心のリフレッシュを行う上で欠かせないものだということなのである。

あなたも、「休んでも大丈夫」という方向に頭を切り替えれば、それだけでぐっとストレスが減ることは間違いない。

他人と自分を比較してしまうとき

他人のしていることが気になって仕方がない。

他人にどう思われているのか気になってしまう。

普段はそうでもなくても、ときどきこういう状態におちいることはないだろうか。

自分の仕事に対する他人の評価が気になり、また他人のしている仕事がうらやましく思えたりする。

「上司は私のことを認めてくれているのだろうか」

「自分はまわりからデキると思われているだろうか」

こんなことばかり考えているのは、自分に自信がないからだろう。

「なぜあの仕事は自分ではなく彼に任されたのか」

「あの人のしている仕事は私の仕事より面白そうだ」

こんな考えに支配されて苦しむのは、会社での自分のポジションに不満があるからだろう。自分自身に自信が持てなければ落ち込んで、ますますやる気をなくしてしまうのである。

さらには、「こんな企画を出しても、バカにされるだけだろうな」「どうせこんな提案は通らないさ」と、自分の気持ちよりも他人の評価を優先して、行動に自主規制をかけてしまう。当然、自分のことは卑下して見ることになる。

こうなると大変だが、解決方法は意外とシンプルだ。

まず、余計なことは考えずに、今やるべきこと、与えられていること、やりたいことをきっちりとやることである。

自分に対する評価は自分自身で下すものだと、自らを納得させることだ。自分がいいと思っていればいいいじゃないかと、自分に対してほどよい居直りをする。人間というのは、他人のことばかりを気にしているうちに自分を見失ってしまうものである。自分のするべきこと、したいことがわからくなってしまう。やがてそれが態度にも表れて、オドオドしたり、卑屈になってしまうことになる。

また、意味のない比較をしないことである。同期の出世の動向、他社との給料の比較など、他人のことはどうだっていいいじゃないかと思うことはできないだろうか。

人に負けたくないという気持ちは、物事を成功に導くエネルギーともなる。しかし、そのエネルギーが「負ける恐怖」との戦いに振り向けられると、気持ちにゆとりがなくなり、緊張で疲れ果ててしまう。

人と比べて自分の欠点をあげつらっても仕方がない。人生を明るく生きていくためには、自分を肯定的に見ることが大切なのだ。

自分を信じてリラックスしていれば、実力も発揮できる。現実を楽しもうと思う姿勢があれば、楽しみが見つかる。そうしているうちに、好きな仕事や自信を手に入れることができるものである。

人との競争ほどツマラナイものはない。人生に比較はいらないのである。

自分に進歩が見られないとき

自分はなんてダメな人間だろうと自己嫌悪にとらわれるのは、誰もが経験することである。仕事に全然進歩が見られない。何度も同じミスを繰り返す。そのうちに、「自分はもうダメだ、もうイヤだ」とめげてしまう。しかし、この感情にいつまでも浸っていては危険だ。世の中すべてが灰色に見え、自分のような何をやっても進歩のないダメ人間には進むべき道がないと思い込んでしまうようになる。

こんな話がある。

水槽の中に大きな魚を放ち、その餌として小魚を入れておく。普通なら、大きな魚は小魚をパクッと食ってしまう。しかし、水槽の中にガラスの仕切りをいれ、大きな魚と小魚を分けるとどうなるか。

空腹になると、大きな魚は小魚を食おうとして、ゴツゴツとガラスの仕切りに何度もぶつかる。そして、しばらくその状態にしておき、頃合いを見てガラス板をはずす。すると、大きな魚は過去の失敗に懲りて、決して小魚をとろうとしないのだ。まるで弱気になってしまった大きな魚は、ついには餓死してしまうという。

人間も同じで、何度かの失敗に懲りて、自分はもうこれ以上はダメであると自分を見限ってしまうと、最後にはほんとうにダメになってしまうのだ。

もし、ある仕事に失敗したとしたら、自分は能力以上の高望みをしていなかったかと分析したり、上司の意見を参考にしてみる。そして、無理な目標に向かってひたすら同じように挑戦を繰り返すのではなく、失敗を生かすように目標や手段を切り替えて、またチャレンジしてみてはいかがだろうか。

「運も実力のうち」と言われるが、自分には進歩はないとあきらめてしまって、せっかくのチャンスをつかみとろうとしないような人には、運は決して向いてこない。うまくいかないからといって、自分はダメだと思わないこと。それより、自分は不完全なのだから、これから努力して、少しずつ穴を埋めていこうと考えることだ。

このように前向きに物事をとらえることができれば、心は軽くなり、おのずと意欲もわいてくるのである。

望む仕事が与えられないとき

自分が望んでいる仕事に就けない人は少なくない。「こんな仕事、やりたくない」と感じた瞬間にストレスとなり、悩めば悩むほど「もうイヤだ」という感情が増幅してきて心を圧迫することになってしまう。

この背景には「第一志望の職種や会社の仕事を得ることができなかった」「不本意

な異動を命じられた」「上司がチャンスを与えてくれない」などの事情があるだろう。

こうした状態から抜け出すためには、例えば転職することで、自分の希望と一致する職場などを見つければいいのだが、このご時勢、そう事はうまく運ばない。

また、マスコミの世界などで働いているフリーランスの人を見て、「自分もああやって自由にやりたい仕事をやれたら」と思ったりするだろう。

しかし、脱サラや転職をしても、うまくいくという保証はない。そもそも、フリーランスの人ほど、生活のためには望むと望まないとにかかわらず、仕事は何でもやるというのが実情ではないだろうか。

現在の仕事を続けてさえいれば、そこそこの給料は入ってくる。つまらない仕事を続けて安定した生活を得るのか、好きなことをする自由を得るために安定を捨てるのか。たいていの人はそこで、文句を言いながらも安定を捨て去る勇気はないだろう。

上司や会社のグチをこぼし、「やりたい仕事をしたいな」と言いながら、今の仕事を続けていく。

私は、それはそれでいいと思う。どちらが正しくて、どちらが悪いというわけではない。どちらの方向に向かうかは、まったくあなたの自由なのだ。

けれども、それを選択しているのは自分自身だということは忘れないでほしい。誰かが強制しているわけではない。

とはいえ、「自分で選んだ道なのだから文句を言うな」などと、ご立派なことを言うつもりはない。そこまで自分に厳しくする必要はないだろう。たまに弱音を吐くくらいは許してあげよう。文句を言いながらも今の仕事を続けることを選んだのなら、グチをこぼしながらやっていけばよいと思うのだ。

つまり、自分で選んだ道だと割り切れば、ストレスは軽減されていくということなのである。

では、あなたにはどのような選択肢があるだろうか、あなたはどのようなことで迷っているのだろうか。今のところ、どちらを選択しようとしているのだろうか。このように自分の気持ちと一度よく向き合ってみるといいだろう。それから行動を起こしても決して遅くはないのだ。

頑張ってもできないとき

望む仕事に就けずに悩む人がいる一方で、自分がやりたい仕事なのだが、能力的についていけないと感じている人はいないだろうか。

仕事に対する意欲はあるのに、さぼりたい気持ちなど少しもないのに、どうしても仕事に着手できない。いっこうにはかどらない。そんなふうにやる気が空回りするときは、残念なことだが、その仕事があなたにとって「荷が重すぎる」可能性がある。

せっかく、やりたい仕事を任せられたのだから、自分にはできないと簡単には降参したくない。ここで手放してしまっては、いつ次のチャンスがやってくるのか不安だ。その一方で、「たいした成果を挙げられず、周囲の期待に応えられない」「気持ちは急く一方なのに、一歩も進めない」という相反する重圧に苦しむことになる。

熱意ある人ほど、最初はなんとかしようと頑張るが、そのうち「自分には向いていないのかもしれない」という不安が頭をもたげ、やがて苦痛になってくる。それでもなんとかしようと続けているとついには疲弊し、いずれ心の病を招くことになるのだ。

しかし、どうにもならないのなら、なるべく早く「できない」と声を上げることも大切なのだ。責任感の強い人ほど「受けた仕事を断るわけにはいかない」と思うだろうが、「断ることが自分を救済する唯一の方法」であることを自分に言い聞かせなくてはならない。

確かにそうすることで、大事なプロジェクトから外れてしまったり、やりたい仕事ができなくなってしまうかもしれない。

しかし、その部分だけに仕事の価値があるわけでもないだろう。なにも消極的な生き方をすすめているわけではない。そのままでは、心が間違いなく負担に押しつぶされてしまう。それを避けるためのアドバイスなのだ。

自分の性格、生き方をきちんと認識し、できないものには「ノー」と言う。これは恥ずかしいことではなく、自分らしく生きるための勇気ある行動なのである。

スランプにおちいってしまったとき

「今、仕事がスランプで悩んでいる」

もしもあなたがこんなことを口にしたら、周囲の人からたくさんのアドバイスを聞かされることだろう。みんな親切心から言っている。やさしい心から、あなたにアドバイスをしてくれる。もしもあなたが、せっかくの忠告を素直に聞かないと、気を悪くするかもしれない。「人の言うことは素直に聞くものだ」と説教するかもしれない。

もしかしたら、その中には一つくらい「あたり」があるかもしれないが、しかしたいていは、スランプのときというのは何をやってみてもダメなのである。作業の手順を変えても、よくならない。何をやってもよくならないからスランプなのだ。

こんなときは、あまりジタバタしなくてもいい。黙ってじっと耐えているうちに、不調の波は去っていく。焦りは禁物だ。他人のアドバイスを聞くのは、ほどほどにしておいたほうがいいだろう。

「気分転換」という方法もある。これは精神面でのスランプ脱出法である。深刻に考えてもスランプは乗り切れない。かえって、気分転換をして不愉快な気分を追い払うほうが役立つ。そのためには生活に変化をつけ、マンネリ状態を打破してみるのもいいかもしれない。

結局、最後は自分自身で答えを見つけるしかない。あなただけが、あなたがスランプからはい上がる方法を知っているのである。他人はいろいろわかっていそうに見えても、そうではない。最善の知恵は、あなたの中から出てくるものなのだ。

しかし、それが出てくるまでには迷いが必要なときもある。他人の助けも必要であることもある。あなたなりの迷い方をして、大いにじたばたするのもいいだろう。

あなたが、どんなふうにじたばたしたか。不調から回復したとき、それがあなたの大切なノウハウになるのだ。

努力が報われないとき

「あんなに努力したのに、成果が出なかった」

「忙しいわりには、いっこうに結果が表れない」

こんなときには、疲れがどっと出て、忙しく頑張った日々がたちまちストレスになる。と同時に、成果を出せない自分を責めるようにもなる。

誰でも「努力が報われないのは、自分の能力に問題がある。自分は、ダメな人間だ」

と落ち込んだ経験をお持ちだろう。

どんな仕事にも共通するのは、仕事をしていて「ただ忙しい思いをしただけだった」と暗澹とする場面が決して少なくないということだろう。

ここで私が提案したいのは、成果を多角的にとらえてみることだ。つまり成果というのは、直接的な成功だけではないということだ。

例えば、気難しい取引先が珍しく愛想がよかった、残業したおかげで以前から探していた資料が見つかった、外回りの途中でおいしそうなケーキ屋さんを見つけたというようなことでもいい、何かいいことがあるはずだ。

どんな些細なことでもいい。それを成果の一つに数えてみたらどうだろうか。そうすれば「期待した成果は挙がらなかった。でも収穫はあった」と思える分、少しは気持ちが楽になるし、多忙さからくるストレスも軽減される。

仕事に限らず、嬉しいことは何度もおおげさに喜び、脳に強烈な成功体験として覚え込ませる。気持ちが沈むようなことは短時間で集中して悩んで、あとは忘れるようにするのがいいだろう。悩みをひきずったことで成果が挙がるのであればいいが、そんなことはあり得ないのだから、反省点を胸に刻み込むだけで十分である。

小さな成果をたくさん見つけて喜ぶ余裕を持てば、目指す成果が挙がらないことで心がふさぐこともないはず。

「あの忙しさも、まったく無駄ではなかったな。そこそこ嬉しいこともあったよな」と思うことで、あなたを苦しめるストレスに別れを告げることができるだろう。

仕事で失敗したとき

仕事でミスをすれば、たいていの人は落ち込む。そのミスが大きいほど、心に受けるダメージもまた大きいものになるだろう。

しかし、人生は失敗の繰り返しである。

どんな優秀な人でも失敗をしない人はいない。

もちろん、なかには許されない失敗というのもある。人の命にかかわるような失敗は許されるものではない。しかし、大多数の人にとって、こういう重大な失敗にめぐりあう確率は少ない。

失敗を恐れていては、前にも後ろにも進めない。失敗を恐れていると、逆暗示にかかってしまって、かえって悪い結果を招き入れることになる。

「失敗がなんだ。このくらいのことでは自分の人生は変わらない。失敗しない人なんていない」

そう開き直れば怖いものはなくなる。実際のところ、ちょっとしたミスくらいでは、仕事をクビになるということは、まずないのである。失敗してしまったら、素直に「すみません」と謝って、あとは適切な後始末をすればいい。それで一件落着である。だから、失敗を恐れず、やってみたいことや頼まれたことにチャレンジしたいものである。

最初は「大丈夫だろうか」「できないんじゃないか」と不安になるかもしれないが、それは当然のことだ。自分なりに努力して臨めば必ずなんとかなる。

なんとかなれば、「やってよかった」「自分にもやれるんだ」という自信につながり、次のチャレンジへのバネになる。

万が一、失敗しても、それはそれで仕方がない。「失敗は成功の母」という。歴史上の数々の発明や発見は、失敗から大切なことを学び、学んだことを次に生かすというたゆまぬ努力の結果、得られたものであることは、ご承知のとおりだろう。失敗は少ないにこしたことはないが、逆に失敗をとおして学ぶことは多いはずである。くよくよせず、次のチャレンジに生かせばよいのである。

そして、仮にあなたがその失敗がもとで上司に叱られたとしても、その上司もあなたと同じように失敗を繰り返し、あなたと同じように怒られて今があるはずである。みんな失敗して大きくなった。そう考えれば、失敗を恐れたり、失敗してくよくよ悩む必要はまったくないのである。

「人生が終わった」という大きなミスをしでかしたとき

会社に入ると多くの人は、会社や仕事が生活の中心になりがちだ。しかし「仕事＝人生」ではないということは、常に頭の片隅に入れておくようにしよう。

確かに、一日の生活を考えると二十四時間のうち、会社にいる時間が八時間、通勤時間や残業を合わせると十〜十二時間、睡眠が六〜八時間とすると、起きている時間の大半を仕事とその周辺に費やしていることになる。

一見、「仕事＝人生」のように思えるが、同様に時間を費やしている睡眠に対して、「睡眠＝人生」と考える人はまずいない。睡眠は生きていくために必要なことだけれども、そのために活きているわけではないからだ。

であれば、仕事も同様に考えることができるのではないだろうか。長寿国の日本にあっては、定年以降の人生だってかなり長い。

仕事で大きな失敗をすると、自分の人生あるいは人格を嘆く人がいるが、仕事上の失敗はあくまでも「仕事上の失敗」でしかない。

倒産や廃業を経験した元経営者らの組織である八起会の会長がかつて新聞紙上で次のように述べていた。

「会社を潰した経営者の多くは、自殺を考えるほど悩む。だが、倒産は経営上の失敗で、人生そのものの失敗ではないと考え、逆境を乗り越えることが大切である」

ちなみに八起会の名前の由来は「七転び八起き」である。

仕事で失敗したときに大事なことは、失敗を嘆くことでも、自分の人格を貶めることでもない。原因を突き詰めて立ち上がることなのだ。

上司に怒られたとき

「どうしていつもこうなってしまうんだ。もう少し早く準備できなかったのか。だいたい君はいつもそうだ。この間だって……」

と上司の小言が始まった。

あなたは、顔は神妙に、しかし心の中では「また始まった。はいはい、わかってますよ」と舌を出している。

これくらいたくましければ頼もしいが、「自分はダメなんだ」と落ち込んだり、「うるさいなあ」とイライラして必要以上にストレスをためているようでは問題だ。上司から説教されたり、叱責されてダメージを受けるような人は、次のように考えてみてほしい。

人によって叱られやすいタイプというのがある。上司は特別あなたを目のカタキにしているわけではないかもしれない。同じ部下でも「こいつは叱れない」というタイプもいるので、全体に対して注意したい場合、どうしてもスケープゴートとして、叱りやすい部下を叱るものである。たぶん、そんな上司は逆にいつも叱る部下に親しみを持っているものである。あなたは叩けば反発して伸びるタイプだから、期待をして叱っているのかもしれない。

そのような人は、ちょっとやそっと文句を言われても、めげないだろうと評価されているのだ。そして周囲からかわいがられる人気者であることが多いようだ。

しかし、いつも叱られてばかりでは、さすがにガマンも限界に来るだろう。

そんなときは、とにかく楽天的に考えること。どんどん悪い方向に思い詰めてしまうと、自らの道を閉ざしてしまうだけである。

例えば、上司のお説教を「神様のお告げ」と思ってみる。とてもお告げとは思えないダミ声であっても、まあちょっと耳を傾けてみよう。

要は、ものは考え方である。イヤだ、イヤだ、ああ腹が立つと思っているよりは、どんなに気が楽か。

それに、上司のお説教の中にも、一面の真実が含まれているはずだ。上司の小言は、ほんとうにお告げである場合も多い。今のあなたに足りないことを、上司の口を通して神様が教えてくれているのかもしれない。上司の顔が神様に見えるくらいになれば、あなたも人生の達人である。

上司がどうしても合わないとき

どんな会社、どんな職場にも、どうしても自分と合わない人間はいるものである。学生の頃や、プライベートでなら、そういう人間とは付き合わなければそれですむのだが、職場となるとそうはいかない。

さらに、その合わない人間が直属の上司だったら、これは毎日、針のむしろに座らされているようなものだ。ストレスもたまる。うまく配置転換でもあればいいが、そう簡単にはいかない。結局は、その上司と付き合っていくしかない。

イヤな上司といっても、誰からも嫌われるタイプと、自分とは合わないというタイプがいる。誰からも嫌われるタイプの上司というのは、たいてい強い粘着質の性格か、自己顕示欲の強い性格の人である。

強い粘着質の上司とは、堅く真面目に付き合うしかない。冗談は通じないし、あまり明るいのも反感を持たれる。

自己顕示欲の強い上司は、おだてあげて相手の気分をよくさせるのがいい。

それでは、どうも自分とは相性が合わないという上司にはどうするか。ここでは、一種の逆療法を行う。それは徹底的に、その上司を研究してみることだ。

誰にでも覚えがあるかもしれないが、ある特定のものを見たりイメージしたりすると、恐怖にかられることがある。それは人によってはチョウだったり、刃物の先端だったり、さまざまである。

例えば「チョウ恐怖症」を克服するための処方は、チョウに関する勉強をすることにある。本を買ったり、図書館に行くなりして、チョウの生態、種類、分類などを調べ、チョウの専門家になる。するとそのうち、チョウの本態がわかってきて、チョウに対する恐怖も消えていくのだ。

自分とは合わない上司との付き合い方にも、この手を使うとよい。ただ毛嫌いせずに、その上司の考え方や性格をよく知るように努めるのである。本来、上司は企業サイドに立って部下を管理するものであり、一方の部下は仕事が面白いか面白くないかという自己中心的な立場でものを言うので、お互いに誤解や敵意が生まれやすい。あるいは、その上司が部下であるあなたに過大な要求をしているのか、それともあなた自身にそもそもやる気がないのか、冷静に判断してみることだ。

そうすれば、今までガマンができないと思っていた上司でも、違った目で見ることができるようになる。

自分が変われば相手も変わるんだというくらいの気構えを持って立ち向かうことである。

イヤな人と話をしなければならないとき

取引先でも、あるいは社内でも、自分が好感を持っていない人と話さなければならないときほど、気の重いことはない。それがたび重なるようだとなおさらである。しかし、これは職場だけに限らず、あらゆる日常生活の中で私たちがしばしば遭遇する、避けては通れない現実だと言える。その解決策はただ一つ。それは、ガマンすることである。

嫌いだからといって皮肉やイヤ味を言えば、相手は不愉快な思いをするだけで、関係は余計悪化することになるし、わざとらしくニコニコと親しげにふるまうのも、かえって不自然である。不快な感情を表に出さないように注意して、ごく自然に対応するのがベストということになる。

しかし、初対面のときには「イヤな感じの人だな」と思ったとしても、付き合っているうちにだんだん相手を見直すこともときにはある。人間には案外、隠された素顔というものが少なからず存在するのだ。一度や二度会った程度で、その人のすべてがわかるとは言いがたい。

私がラジオの人生相談をしていて感じたのは、人間の観察眼というのは、それほど確かなものではないということだ。例えば、「あんな人間だったとは思いませんでした」と言ってくる人は、観察眼が足りなかったということになる。いいと思っていた人がイヤになる。だとしたら、その逆に、嫌いな人間が好きになる可能性もあるということだ。

人付き合いを円滑に進めるポイントの一つは、他人のいい面に目を向けるということである。

人間関係がぎくしゃくすると、つい相手の人間性を攻撃したくなるものだが、だからといって人はそう簡単に変われるものではない。「いい面を見つけよう」という気持ちで人に接したいものだ。

あなたのまわりを見ても、「この人のすべてが好き」と言えるような相手はほとんどいないはず。「ここは好きだけれど、ここは嫌い」と感じながら、微妙なバランスをとって進展していくのが普通だろう。

イヤな思いをしたとしても、欠点には少々目をつぶってあげて、「これさえなきゃ、いい人なんだけど」とでも呟けばいい。心に余裕が生まれてくるに違いない。どんな嫌いな相手にも必ず長所はある。欠点を見て、それでどうこう批判するのではなく、その長所の部分のみでかかわり合えばいい。

人付き合いというのは、こちらの気持ち次第で変わっていくものなのである。

会社の人間関係に満足できないとき

理不尽なことを言う上司、わがままな部下……会社の人間関係がうまくいかないことほど、気分が落ち込むことはない。なにしろ目覚めている時間の大半を過ごす場所であり、何より生活の基盤を支えるものでもあるから「もう明日から出社しません」と簡単に言えるものでもない。

三十七歳になるある建設会社の課長は、「部長」という言葉を聞いただけでみるみる血圧が上がり、顔が真っ赤になって具合が悪くなってしまう。診察の結果、高血圧症とわかったが、半年前に仕事上の失敗で部長からひどく叱責されてからこのような症状に見舞われるようになったという。上司へのストレスをためこむと、このように体へ影響を及ぼすまでに悪化してしまうこともある。

こうした相手とうまくやっていくにはどうしたらいいのだろうか。

まずは、相手に対する過度な期待を捨てることだ。

あなたは、自分の考えを完全に相手にわかってほしいと思っていないだろうか。相手のすることに完璧を要求したり、自分の思うとおりに行動してほしいと考えていないだろうか。期待があるから失望があり、はたまたストレスにもなるのである。

ペットに癒されるのはその逆で、動物には「こうしてほしい。ああしてほしい」という期待をしないから、その存在だけで人は喜びやなぐさめを得ることができるのだという。

人間関係とは、本来少しでもお互いが理解し合えれば喜ぶべきものである。それなのに、「もっと」とか「どうして」とかこちらが一方的に求めるのは贅沢というものだ。そして、実はそのような気持ちが相手との間に溝をつくる要因にもなりかねないのである。

完璧な人間関係など求めてはいけない。完璧を求めると不足している部分ばかりに目がいってしまう。私がかねがね唱えている八十パーセント主義に則れば、八十パーセントぐらいで満足し、わかり合えた部分を大切にするほうが有意義だ。残りの二十パーセントは未知の部分としてとっておこう。この未知の部分があなたのゆとりになる。人と人との関係は残り二十パーセントがあるから面白いのである。

相手に対して百パーセントを期待して待っていてはいけない。
「八十パーセントで十分だ」と思うことだ。

会社の中で孤独を感じてしまったとき

上司が信用できない。同期も後輩も信用できないという人間不信におちいってしまった場合ほど、つらいものはない。彼らとは毎日、顔を合わせなくてはならないわけで、転職でもしないかぎり、ずっとこの孤独を抱えていかなければならないのかと考えると、心が重くなるだろう。

しかし、企業は利潤追求のためにあるものだ。会社が大きければ大きいほど、個人の存在は無視される。そして、その中で働いている人たちにとって、いちばんかわいいのは自分自身であろう。面倒見のよかった上司でも、自分に都合の悪いことが起これば簡単に部下を切り捨てるかもしれない。どんなに仲のよかった同僚でも、保身のためには仲間を裏切ることがあるかもしれない。それは、むしろ当然のことと言っていいのである。

それをいちいち気にして会社の人間に対する不信感を蓄積し、孤独にさいなまれていると、全身倦怠、疲労感、頭痛、めまい、不眠といった、うつ状態の症状を引き起こしたりすることになるかもしれない。なかには悪化して、自律神経失調症や心身症まで来してしまう人も出てくる。

人間不信や孤独感におちいってしまったら、くよくよ悩むよりも、何か「逃げ道」を見つけることである。それが対人関係をスムーズにしていく方法だ。

「サラリーマンは酒を飲みながら仕事をしているんだ」とある人が言ったが、これは名言だと思う。例えば、学生時代の友達と酒を飲んでウサを晴らす。そのおかげで翌日もすっきり仕事に励めるというわけである。

世渡り上手な人、いつも陽気な人はたぶん、自分流の逃げ道をいくつか持っている人なのだろう。

もっとも、あなたが協調性がないがゆえに孤独感を感じているのならば、それは疎外されていることによるものだ。日本の会社は、まだまだ年功序列型の世界だ。会社内では、仕事も遊びもいっしょというくらい人間関係は緊密である。その関係は一言で言うと「和」ということになるだろう。

自己主張が強く、他人の話に聞く耳を持たないようでは、このような組織では正常な対人関係を営むことはできない。

自分の言動を見直し、修正していけば、多少時間はかかるかもしれないが、またあなたのまわりには人が集まってくるはずである。

ちゃんと評価してもらえないとき

会社に勤めている以上、誰でも人から正当に評価されたいという気持ちはあるものだ。会社での評価とは、つまるところ地位や給料に直接影響してくる。低い評価であれば、腹が立ったり、卑屈になったりもするだろう。

しかし、そう思う前に自分が自分をどう評価しているかということを冷静に考えてみることも必要だ。自分の能力を、あまりにも高く評価していると、どうしても周囲の見方とは落差が大きくなる。

もちろん、誰にでも自尊心はある。だから客観的な評価よりは、自己評価のほうが高くなるのは当然である。

若いうちは、どうしても自分の力を過信してしまう傾向がある。それはそれで、やる気があると見ればいいが、度を越すと、会社はどうして自分を認めてくれないのだろうかという不満に転じる。これではいくら積極的な意欲を示そうとしても、マイナスに作用するだけだ。

そういうときは、冷静に自分を見つめることだ。なぜ自分に対する評価に、これほどギャップがあるのか。どうしてわかってもらえないのだろうかと考えてみよう。

自分の潜在能力は高いと自己評価することは、誰にでもできる。しかし、社会は潜在能力など認めてくれない。表に出てこない能力など、少なくとも会社にとっては能力ではないからだ。だから、評価が低いと思ったら、まずその潜在能力を自分自身で引き出すように努力しなければならない。

会社や周囲への不満ばかり言っていても始まらない。自分で努力もせずに不平ばかり言っていたのでは、それこそ誰も評価してくれないだろう。

まずは、人からの評価と、自己評価を比べてみる。その差にこそ、自分が生きる方法、アピールする部分があるのではないか。

異動や配置転換の対象になったとき

異動や配置転換の対象になると、ショックを受ける人は少なくない。特にそれまで、充実した仕事をしていたと思っていた人は、なおさらである。

そのような人には、異動先の仕事が「日陰の部署のつまらない仕事」だと感じられるだろう。そして、自分には能力がないのかという敗北感や、会社への恨みにさいなまれるかもしれない。

しかし、営利を追求する企業は、会社にとって必要だからその部署を置いているのだ。そのことを忘れてはいけない。

不本意な異動を命じられたら、まず「どんな職種も必然性があるから存在する」と考えて、「つまらない職種だ」という先入観を捨てなければならない。

次に考えるべきは、会社がその職種に対して何を望んでいるか、あなたに何を期待しているかである。「何の回答も見つからない」ということはあり得ないだろう。

そして、そこで働いているうちに、自分が各部署を有機的につなげる役割を果たしているということがわかってくるはずだ。キャリアを重ねる意味はそこにある。

そもそも、職種に優劣などはないのである。職種に序列をつけようとしたら、「売り上げを上げているのは営業だから営業が偉い」「技術職がつくる商品がいいから売れる」「そもそも企画がいいから企画部がいちばん」などと、収拾がつかなくなるだろう。あらゆる職種が機能して初めて会社は体を成すのだということは、言うまでもないことなのだ。

ただ、新天地で頑張ってもなお、「この仕事は自分に向いていない。やりたくない」という気持ちが続くようなら、もしくは「やりがいはあると思うけど、自分はほかの仕事をやりたい」という思いが強いようなら、本気で転職や起業という選択肢を含めて将来を検討するといい。

一方、リストラ予備軍として明らかに閑職へ異動させられたという不条理なものであれば、確かに落ち込むことは理解できる。そんなときに、「仕事をしなくても給料をもらえるんだからありがたい」と斜に構えたり、不当人事を糾弾する行動に元気を注入できるようであれば問題はない。

ところが、これはそう簡単にできることではないから、多くの場合はマイナスの感情を抱えて苦しむことになるだろう。それが悪化する一方であれば、どこかで自分をつらい環境から解き放つしかない。再就職の厳しい時代ではあるが、針のむしろに座らされているだけの将来のない現状を選択したところで、心の病気を招くだけだからだ。しばらく休んでリフレッシュし、それからじっくり将来を考えるべきだろう。

しかしその際にも、「キャリアを生かそう」と希望職種にこだわりを持ちすぎると、またまた憂うつな気分になるだろう。

そんなときは「仕事の種類は山ほどある。門外漢でもいい。ゼロから始める楽しみもあるし、人生の経験値はどんな仕事にだって生かせる」くらいの軽い気持ちで職探しを始めたほうがベターである。

会社を辞めたくなったとき

もしあなたが、ほんとうにいっぱいいっぱいになってしまったら、会社を辞めるという選択肢があるだろう。

最近は、転職がそう珍しいことではなくなっているし、これを否定するつもりはないが、辞表を出す前に、もう一度冷静になって考えてみたい。

辞める理由の中に、「他人が悪いから」という他罰的傾向はないだろうか。辞めようと決断したとき、感情のセルフコントロールはできていただろうか。独断的、自己中心的な、甘い考えにもとづいていなかっただろうか。

このいずれかに思い当たるようであれば、退職は思いとどまったほうがいい。

仕事というのは本来、楽しいことばかりではない。むしろ、苦しみのほうが多いものである。その苦しみを逃避することでしか解決できないのでは問題だろう。いかに苦しみが多くても、できるだけ積極的に、かつ楽しみながら仕事を処理しようという意欲を持ち合わせてほしいものである。

うつ的な症状になって、突発的に会社を辞めたくなるような人もいる。辞表を出すときは、本人としては本気なのであるが、やはりそれは、冷静な感情にもとづいてのものではないのである。

私は、絶対に辞表を出すなとは言わない。しかし、辞表は精神が安定していないときに出すべきではない。「もうイヤだ」という一時的な気分に振り回されるのではなく、自分の真の気持ちを見極めてからでも、決して遅くはないのである。

減給、リストラ、倒産に巻き込まれたとき

景気はどん底状態を脱したと言われているが、まだまだ世間では不況感から抜け切れていない。企業の倒産は相変わらず続き、大企業の経営危機も珍しくはない。大企業から中小企業まで、企業が生き延びるための減給、リストラの嵐も相変わらず吹き荒れている。

例えば、これもリストラの一例と言えようが、年俸制や、成果主義にもとづく賃金制度を取り入れる企業も増えてきた。このような状況では、いつ誰がどのような処遇を受けるか、まったくもって先が見えないのである。

中高年はもちろん、若いからといって安穏としていると、ある日突然肩を叩かれるということも少なくないと聞く。

人材派遣会社やハローワークには、リストラによって退職したり、倒産して職を失った人たちが、毎日、朝から職を求めて列をつくっている。彼らは、求人閲覧シートを熱心にめくったり、コンピュータのキーを叩いて求人情報を探しているが、めざす情報はなかなか見つからない。

残念なことだが、こうした人々の心の悩みは言い尽くせぬものがあろうと察する。彼らの中には、あるいは軽いうつ病や心身症に悩んでいる人たちもいるかもしれない。私は、頑張れ、今日はダメでも明日があるなどと軽々しく言うことはできない。しかし、これまでのライフスタイルを変えることができるかどうか、そこに新しい人生のヒントがあると思うのである。見栄や恥、他人の評価などは一切気にせず、自分の心に正直に問うてみる。給料の低い会社だっていい。アルバイトだっていい。ときには親兄弟に頼ったっていい。なんらかの転換のきっかけを見出し、覚悟を決めることができれば、きっと豊かな人生を創造することができる。

そして、リストラされたからといって、自分はダメな人間だなどと思わないことが肝要だ。会社の評価なんて絶対的な評価ではない。「利益のことしか考えない〝会社〟

という得体のしれないヤツの評価なんて、あてにならない」と開き直ってほしい。新しい人生のスタートに年齢など問題にならないし、いつリタイアしなければならないということもない。生きがいと喜び、心のゆとりを発見し続けていくことが、これからの人生に求められることなのだ。

それが、リストラや倒産が日常化する時代を生き抜く力になるのである。

自分が負け組に思えるとき

倒産、リストラ、仕事上のミス、左遷、賃下げ、これらの要素は、人生にないにこしたことはない。しかし、もし不幸にも、あなたがそのようなことを経験する立場になってしまったならば、自分は人生の負け組だと憂うつな気分になるだろう。

仕事上のトラブルを抱えると、人は人生そのものを否定されているように思い込みがちだ。しかし、仕事上の失敗は、仕事に原因がある。仮に、それがあなたの人格に起因するものであったとしても、あなたの存在のすべてを否定するものではない。

そもそも、仕事上の不幸で、人生のすべてが終わってしまったと思ってしまうあなたの生真面目さが、トラブルを呼んでいるのかもしれない。何度も繰り返しているように、人生というのは、いつでも軌道修正が可能であり、いくらでも選択肢はあるのである。

確かに、人間にとって仕事とは自分の誇りに直結しやすいものである。その誇りへの思いが強い人ほど、仕事がうまくいかなかったり、職を失ったりすると、自分の体が半分そがれたように思うのは当然だ。まわりも自分のことを情けなく思うのではないか。そんな気持ちになることもよくわかる。

だからといって、たくさんお金を稼ぎ、世間的には勝ち組とされているような人ばかりが立派な人間なのだろうか。負け組の人間は、不要な人間なのだろうか。

見ている人は、ちゃんと見ている。どのような状況にあっても切磋琢磨し、自分の生き方を模索し続ける姿は凛々しいものだ。もし、あなたに家族や大切な人がいるのならば、そうした姿を素直に見せればいい。

人生は甘くない。勝つことより負けることのほうが多いかもしれない。だからこそ、負け戦をどう戦うかだ。負け戦の戦い方、そして「負けるが勝ち」という貴い生き方を身につけたとき、あなたの魅力は何にも代えがたいものになっているはずである。

仕事のことで頭がいっぱいのとき

私はカメレオンのような人間である。気分をコロコロ変えることが得意である。好奇心が強く、何にでも首を突っ込む。

本業は精神科医だが文章も書く。旅行を好み、飛行機マニアでもある。いろいろな団体にも関係している。頼まれて断りきれずに始めたものもあるし、途中から気に入って続けているものもある。

文章を書くようになって気づいたことがある。文章をつづるというのは、またとない気分転換の方法であるということだ。さらに思いがけない発見があった。文章を書くときの思考は、あきらかに他の作業、例えば患者さんの診察のときとは異なるのだ。書くことだけでなく、音楽を聴いたり、絵を描いたり、カラオケをしたり、スポーツをしたり、それらの作業によって頭はそれぞれ異なる働きをしているのである。

作業を変えることによって、頭の働きも切り替わる。

それが、仕事で疲弊した心の気分転換になるのである。

心が傷つきやすいタイプの人というのは、無趣味な人が多い。「仕事が大事だ」という真面目な気持ちが、趣味や道楽に向かいたいという心の動きをはばんでいるのかもしれない。それでは、なかなか「もうイヤだ」という気持ちは晴れないだろう。とにかく仕事以外の何かを思い切って始めてみたらどうだろうか。

繰り返すが、仕事のために自分は存在するのではない。自分のために仕事はあるのだ。自分をほんとうに生かすために、もっと自分の好奇心を満足させてみてはいかがだろうか。

第3章

人生の「もうイヤだ！」をラクにする

自分のことが好きになれないとき

「自分のあそこがイヤだ、こういうところも嫌いだ」

自分で自分の欠点が気になったり、劣等感にさいなまれて自己嫌悪におちいったとき、人間はいちばん落ち込み、悩むのではないだろうか。

しかし、自分のことを好きになるのは、実はそんなに難しくはない。

あなたの自分が好きになれないところを、「偏り」や「歪み」と呼ぶことにしよう。ところが個性というものは、それがどんなに素晴らしい才能や美徳であっても、その本質は「偏り」や「歪み」なのである。

ただ、自分や人を幸せにできるものは「個性」とされ、逆に不幸な気分にさせるものは「偏り」や「歪み」と呼ばれ嫌われる。しかし、どんな「偏り」も、「個性」に変えることができるのだ。

私がよくやる、「偏り」を「個性」に変換していく方法を紹介しよう。

私は、いろいろな会の会長や理事にまつりあげられてしまっているためか、たいへんな社交好きだと思われているようだ。しかし私の中には、世間の方たちには想像もつかないほど強い内閉的性格もある。会合の時間が近いのに突然、人と会うのがイヤになってしまうようなこともある。

このように自分の嫌いな部分がむくむくと頭をもたげてきたら、例えば私は私自身に、こう言い聞かせることにしている。

「なんだかんだいっても、この間は楽しかったじゃないか。今日も出ればきっと何か面白いことがあるさ」

「久しぶりに会いたいと言ってくれた人が来ている。あの人に会って話をするだけでもかまわないじゃないか」

そして、なんとか無事に会合が終わったあと、また自分を「よく頑張った」とほめてあげるのだ。

なんだか、聞き分けのない子どもをなだめ、おだてているようだが、大の大人でも、自分をきちんとおだて、ほめてあげることが必要なのだ。ほめて育つのは何も子どもだけではない。

ほめるということは、自分の嫌いな部分を認め、それをうまく生かせる場所を探し出していくことである。そうすれば、その嫌いな部分も人に喜ばれる長所になる。そしていずれは、自分で自分のことをほめる前に、まわりがあなたをほめてくれるようになるのである。

ついつい自分を抑えてしまうとき

精神的あるいは物理的な攻撃を受けたり、不満を覚える扱いをされたりすると、私たちは、怒りを感じる。

そのとき、どういう反応をするかは、その人がどのような性格であるかによって異なるし、相手や場面によっても違うだろう。

その場で感情を爆発させて逆襲する人は、いわゆる「キレる」タイプだ。怒りをすぐには爆発させないが、自分の中にためこみ、敵意を持ち続け、のちのち報復するタイプもいる。「恨みを持つ」わけだ。

これとは別のタイプの人は、怒りを感じても、その場ではキレず、怒りや憤りを自分の内にしまいこむ。といって恨みを持つわけでもなく、ガマンしてしまうのだ。「責任は自分にもある」と考える。そして忘れてしまおうとする。

いわゆる自分を抑えるタイプだが、もしあなたが「もうイヤだ」という感情を、このような自責の念とともに押し殺してしまうのだとしたら問題だ。

そういう形でなんとか怒りを処理しようとするのだが、その怒りは消えてしまうわけではない。心の無意識の部分に沈むだけなのだ。発散されなかった怒りは、こうして心に蓄えられ、大きなストレスに育っていく。そして、それがあまりにも続くようであれば、うつになる可能性もある。

このようなタイプの人は、怒りをうまく発散させる方法を知らないということもあるが、どこかに「感情を表に出すことはよくない」という気持ちがないだろうか。そうした考えに縛られていると、怒りを抑制する反応のパターンができあがってしまい、怒るべきときにも怒れない。

確かに、感情を率直に表に出すと、場合によってはみっともなく映ることもある。しかし、普段から自分を抑えこんでしまう真面目なあなたがそんなことをしても、まわりはあなたを白い目で見ることはないだろう。むしろ、「あの人が怒るくらいなら、よっぽどのことがあったのだろう」と思ってくれるはずだ。

もちろん無闇に怒る必要はない。ガマンできない誤解を受けたり、理不尽な扱いを受けたときには、怒るほうがいいということだ。

精神療法には「表現的療法」という、心にたまった怒りや憤懣を外に出させる、外部に向かって表現させることでガス抜きをしようという療法がある。感情を吐き出すにつれて気分が晴れてくるだけでなく、気力もわき、しゃべりたい、自分を主張したいという気持ちになってくるのだ。

まずは、普段から自分の感情や言いたいことを、遠慮せず表に出すことを心がけよう。そのような訓練を続けていくことで、マイナスの感情を内にためこみ苦しむことも少なくなっていくだろう。

人から責められているとき

あなたが、どうも人に責められているような気がしてならなかったり、まわりが自分のことを非難していると感じてふさぎこんでいるとしたら、次のことを確認してみてほしい。

みんなから責められているあなたは、逆に、普段からみんなのことを責める傾向が強くないだろうか。

「私は誰からも好かれない」といって悩んでいる女性がいた。しかし、彼女の話を聞いていると、彼女には自分が好きな人だと感じる人がいないということがわかったのである。「あの人はああだからイヤだ、この人はこんなところが嫌いだ」と、イヤな人だらけなのである。

これではもちろん、他人からも好かれないだろう。彼女は、人に好かれないのではなく、人を好きではないのだ。

人に対してたいへん厳しく批判的な人がいるが、こういう人はだいたい、自分自身が苦しくなってくる。例えば、「あの人の仕事の手順はよくない」とおおっぴらに批判したとしよう。すると、その批判した人は、もうその仕事の方法を使うことができなくなってしまう。もしもいつか、その方法でやりたいと思っても、自分が批判した手前、やりにくいだろう。

また、「男はこうあるべきだ。あんなヤツは男じゃない」と誰かを非難したとする。すると自分もいつも、あるべき男性像を維持しなければならない。さもなければ、周囲から「あんな人、男じゃないよね」と言われているような気がしてしまう。自分が「～でなくてはいけない」「～ねばならない」「～でなくてはダメだ」と思うことが多いほど、自分自身でやらなければならないことが多くなってくるだろう。

要は、人間関係というものは、お互いさまなのである。

人にやさしくする人は、人にもやさしくされる。人を許す人は、人にも許される。人を好きになる人は、人にも好かれる。そういうふうに世の中はできているものなのである。

「昔はよかった」と思うとき

現在の自分が置かれている状況がつらいものだと、ついつい昔のことを振り返ってしまうものだ。

「昔の自分はいきいきしていた」

「以前は誰とでも仲よくやって、人間関係に困ることはなかったのになぁ」

と、過去のいい思い出を思い返し、懐かしみ、そしてやがて現実に引き戻される。

そのときに、またあの頃の自分に戻れるはずだ、と意欲がわいてくるのならばいい。

しかし、現実逃避の手段として過去の素晴らしい日々を振り返るという人も、決して少なくはないのである。このような人は、再び現実に直面すると、その厳しさをなかなか受け入れられず、また過去へと逃げ込み、状況はいっこうに改善されないということになる。


ただ、こうした「あの頃」というのは、ほんとうにすべてがいいことずくめの毎日だったのだろうか。そう自分で問い直してほしい。よくよく思い返してみれば、そこにはあまり思い出したくない出来事だって少なからず存在していたはずではないか。

人間は過去を美化するというのは、よく言われることである。ちょっと嬉しかったことでもすごく嬉しかったことのように思えたり、実際にはイヤだったことすら都合よく解釈して、よかったことにするのである。言ってみれば、今思い返している過去の出来事というのは、必ずしもすべてが事実ではない可能性があるということだ。たまに過去を振り返って懐かしむということを、否定はしない。しかし、それにどっぷり浸かって何もできないでいるというのは問題だ。

そのような人たちは、次のように考えを変えてみてはどうだろう。ただ忘れているだけで、実は過去にもイヤなことはたくさんあったということであれば、今あるイヤなこともいずれ忘れてしまうはずだ。もしかしたら、今のこのつらいことも、いずれ振り返ってみるとよかったと思えるようになるかもしれない。そして、今あるちょっとした喜びを、大切にしよう。いつかは大きな喜びと感じられるようになるはずなのだから。

それでも、どうしてもつらいと感じるという気持ちもわからなくはない。「過去の栄光」に縛られている人には次のようなメッセージを贈りたい。

「あなたの未来は、すべてあなたのものである。必ずあなた自身の手で変えられる。不幸にしかなれない人生などない」

よいことがないと思ったとき

「自分は不幸だ、不幸だ、ちっともいいことがない。いつになったら幸せをつかむことができるのだろうか」

こんなふうに自分の人生を決して肯定的に見ようとしない人がいる。しかし、そんな人に限って、まわりからは十分に幸せな人生を送っているように見えるのである。

ある大会社に勤める人は、口を開くたびに、自分がその会社に就職したことがいかに間違っていたかを延々と話し始める。はたから見れば、優良企業に就職し、いい収入を得ているにもかかわらずである。家庭の話題になっても、家庭がうまくいっていないことをほのめかし、自分の結婚が間違っていたことを訴えるのである。

メーテルリンクの童話に、二人の子ども、チルチルとミチルとが幸福を象徴する青い鳥を探して、さまざまな国を遍歴する物語『青い鳥』がある。この話にちなんで、自分のほんとうにやりたいことは別にあるに違いない、自分にふさわしい場所や立場が他にあるはずだと考える人たちのことを、「青い鳥症候群」と呼ぶ。

一流企業に入社しても数年で辞めてしまったり、転職を繰り返したり、大学に戻ったりするなど、主に仕事にかかわる現象を指すが、これは日常生活でもしばしば見受けられることだろう。

自分の現実に飽き足らず理想を追い求める。このような考え自体は悪くはない。しかし、それなりの生活を得ているのにもかかわらず、いつまでたっても現状に満足ができず、不満ばかりこぼしているようでは首を傾げざるを得ない。

たぶん、こうした人たちにとっては、何もかもが間違いなのだろう。何がどうなろうとも、これでよかったと思うことはないのだろう。

「～だったら」「～すれば」と自分の可能性を次々試していくことも、度がすぎれば結局、手元には何も残らないということになる。過去ばかり振り返っても何も変わらないし、先のことばかりを考えすぎてもいけない。

自分で感じているよりも、あなたは十分幸せである。青い鳥を探し続けたチルチルとミチルも最後には、それが自分たちの身近にあったことを知るのである。たまには腰を落ち着け、足元の現実を少しずつ積み重ねて、明るい未来をつくっていこうではないか。それが、ほんとうの幸せへの最短の道である。

自分の社交性のなさがイヤになったとき

誰か人と会うと思っただけで不安に襲われ、相手を目の前にすると、どきどきしてうまくしゃべれない。話そうと思っていたことを忘れてしまう。これではいけないと思うと、いよいよしどろもどろになってしまう。

誰にでもこうした傾向はあるが、そんなことが続くと、人付き合いが億劫になる。そしてもっと社交的にならなければと思う気持ちのはざまで苦しむことになる。

人がたくさんいるところに行くのがつらい。人と話すのが苦手。積極的にならなければならないとわかっていながら、それができない。もしあなたが、そのような傾向にあり悩んでいるのなら、いい方法を紹介しよう。

ある社交上手な女性は、話の手がかりが持てない相手に対しては、他の人と話しているのを五分ほどじっと聞いているのだという。もしくは、ひたすら話の聞き役にまわるのだという。そして、相手のことをおおよそ理解して、それから話に参加していけば話がかみ合わないこともないし、気まずさも少なくてすむという。そしてなんとか共通の話題を持てたら、その話題をうまく利用して、相手との関係をリラックスしたものにさせるのだそうだ。

もっとも、これは上級者向けのものだと言えるだろう。

一般に、人付き合いが苦手だという人は、どちらかといえば神経質で内向的な性格の持ち主で、劣等感を抱えているようだ。特に若ければ若いほど、世の中のことは知らないし、自分の能力もわからず、人生経験も少ないから、人と対したときに不安や恐れを感じてしまうのである。

しかし、厳しいことを言うようだが、そこで恐れをなして心を閉じてしまうようでは、相手だっていつまでたっても心を開いてくれはしまい。逆に、しどろもどろでも、なんとかコミュニケーションをとりたいと頑張っていれば、ときには恥をかいたり、イヤな思いをすることもあるかもしれないが、受け入れてくれる相手も少なからず存在するのである。

仮に失敗したって、たかが人間関係と開き直りたいものである。人生に失敗はつきものである。ましてや会話がうまくいかなかったからといって、それで人生が終わってしまうものでもない。

人と会って顔が赤くなったり、しどろもどろになったりする自分を嫌いにならず、そのうちよくなると、あきらめてしまわないことが肝要である。

社交上手になるのは、何も難しいことではないのである。

ちょっと勇気と根気を持って、焦らず、気楽に努力を続けることである。これしかないのだ。

信頼できる友人ができないと思うとき

信頼できる友人がなかなかできない。あなたが、もしそのことで悩んでいるのなら、悩む前によくまわりを見てほしい。

最初の章でも述べたが、誰かひとりくらい、あなたの話をわかってくれそうな人はいるのではないか。周囲の人に、あなたの気持ちを理解してくれる力がないと思うのは、大きな誤りである。

それでも「できない」という人は、友人なら、こうあるべきであるという、高い理想や望みを持ちすぎているのではないか。

仮にあなたの望むようなかかわり方をしてくれないとしても、何かのときには力を貸そうとしてくれる。それが友人というものだろう。

確かに「心から信頼できる親友」は、そう簡単に得られるものではない。友人や知り合いにはなれても、親友になれるような人は限られるだろう。

それならば、そのような友人をつくろうと、自分のほうから働きかけてみたらどうだろうか。

考えてみれば、人生には多くの出会いがあり、知人を得るチャンスは数多くある。学生時代の級友という程度の関係なら、それこそ数え切れぬほどの人との出会いを経験しているはずだ。

しかし、そうして出会った人が信頼できる友人という存在にならなかったとすれば、それはあなたが自分のほうから、相手に働きかけなかったからだろう。友人とは、庭の雑草のように何もしないで自然に生えてくるものではない。自分で畑に種をまいて、水をやり、肥料をやらねば育たない。つまり、友人を得るためには、まず自分が友人をつくるためにはどうするかを考え、行動することだ。

そんなことをしなくても相手が愛情や思いやりを向けてくれるだろうと思っていてはいけない。

自分の殻に閉じこもっていると、決して友人など得られるものではない。自分の肩をやさしく叩いてくれる人を待ち望んでいるだけで友人ができるなどという、そんな虫のいい話はないのである。

では、具体的にはどうするか。とにかく出会いを求めて外へ出ることである。同好会やサークル、スポーツクラブやカルチャーセンターの講座に通うのもいい。飲み会に誘われたら、なるべく参加する。このように、いろいろな機会をのがさず何度でも出かけていって、少しでも多く人と話をすることだ。また、その際、話しかけられたらできるだけ丁寧に応対する。そうやって自分の性格を少しずつ変えていく。

上手にコミュニケーションをとる秘訣は、自分に話したいことが十あっても、話すときは五くらいにとどめ、その分、相手の話に耳を傾けることだ。

信頼できる友人を得るためには、常に人に対して思いやりを持つこと。これらのことを忘れなければ、いずれあなたのまわりには親しい友人の輪ができあがっていることだろう。

人に裏切られたとき

誰かに裏切られたときほど、心が傷つくことはない。特に自分が信頼していた人から裏切られたときはなおさらだろう。

しかし、そんなときには少し冷静になって、「あの人はほんとうに信頼できる人だったのだろうか」と考えてみるといい。

人間というのは勝手なもので、自分が好きな分だけ、相手にも自分のことを好きになってもらいたがる。実際には、相手はそれほど深い付き合いを求めていないのにもかかわらず、一方的な思い入れで良好な人間関係が成立していると思い込む。

だから、人から裏切られたと思ったときには、例えば一方的に相手に期待しすぎていたのではないかとか、自分は好意的な態度の押し売りをしていたのではないかなど、自分にも責任があったのではないかと疑ってみるといい。

相手も良好な関係だと思っているはずだと過信しているから、人に裏切られたと感じたときのダメージが大きいのである。

お互い信頼関係で結ばれているように見えても、実はこっちの思い入れが強すぎただけのようだ、それほどの仲ではなかったのだ。そう考えることができれば、心も少しは軽くなるだろう。

思うに、人といい付き合いができる距離とは、つかず、離れずである。自分のほうに相手を思いやる気持ちがなければ、うまくいかないし、かといって思いやりや干渉が過ぎたりしても、うまくはいかない。

哲学者ショーペンハウエルの寓話に、寒さにこごえたヤマアラシのカップルが、お互いの身を寄せて暖をとろうとした話がある。

抱き合えば、お互いの体に生えているトゲで刺し合ってしまうし、離れていれば寒くてたまらない。この行為を繰り返しているうちに、お互いそれほど傷つけ合わずに、しかもある程度、暖め合える距離を見つけ出したというものである。

つかず離れずがいちばん。この点を忘れず、もう少し人間関係を気楽にとらえることができれば、あなたが人に裏切られたといって傷つくことも少なくなるはずである。

何をやっても楽しくないとき

普段のあくせくした生活に押し流されていると、日常生活の中での新鮮な感動を失いがちである。というより、自ら感動することを拒否してしまっているのだと言ったほうがいいかもしれない。

そして感動のない毎日が続くと、当然、気持ちも暗いものになっていく。そういうとき、なかなかプラス思考にはなれないものだ。だから、ますます落ち込んでいく。

さらに、疲れやすくなったり、決断力が低下してきたり、人と会いたくなくなったといった症状が重なってきたら、うつ病にかかっている可能性を疑う必要がある。

最近、何をやってもちっとも楽しくない、好奇心がわかなくなってきた。そんな人は、まわりにいる子どもを見てみよう。子どもにとっては、目に入るもの手に触れるもの、たいていのものが未知のものである。これから生きていくために、あらゆるものを学習していかなければならない。毎日が新鮮な感動の連続だと言っても過言ではないだろう。

それが歳をとるごとに、感動が薄れていく。世間の垢にまみれていくうちに、「新鮮な感動」はだんだん遠い世界のものになっていく。

私は、グラスに口をつけるとき、必ず「うまい！」と叫んでしまっている。別に意図して言っているわけではなく、自然にそうなる。家のものはみんな「聞き飽きた」という顔をする。彼らのひんしゅくを買っているようだが、私は何を飲もうが、最初の一口を飲んだときには必ず「うまい！」という声が出る。

なぜ、こんなことになるのかというと、どうやら自ら「うまい！」と叫ぶことによって、感動を新たにしようとしているようなのだ。自分で暗示をかけているのだろう。普段どおりの平凡なことをしているのであっても、そこに自ら新鮮な感動を求めようという気持ちを持つことは大切なのではないだろうか。

もし、あなたが感動のない日々を過ごしているというのならば、「そぶり」だけでもいいから何かに感動してみよう。人間は本来、気持ちの持ち方一つで、何ごとに対しても感動することができる。感動するふりでも、それを続けていくうちに、最初は単なる暗示によってかもしれないが、やがてはほんとうに感動できる、みずみずしい心が戻ってくるはずである。

人生は楽しく生きたほうがいい。なるべく憂うつな気分を吹き飛ばして、前向きな姿勢で日々を過ごしたほうがいいに決まっている。そのために欠かせないことの一つが、感動するということだ。そして、この感動を得られるか得られないかは、自分の心の持ち方次第なのである。

劣等感にさいなまれたとき

自分には才能がない。能力がない。魅力がない。自分は人より劣っているという劣等感にさいなまれる。

しかし、そういった感情は、実は誰の心にも訪れるのである。

アメリカのある大学で学生を対象にして、劣等感を抱いているかどうかを調査したことがある。その結果、九十三パーセントの人が劣等感を持っていると答えた。たいていの人間は劣等感を持っているものなのである。

むしろ私からしてみれば、劣等感がないと答えた、残りの七パーセントの学生のほうに問題があると思う。劣等感がないという人は、躁病か躁的な性格異常の可能性がある。

劣等感というのは、ある程度必要なものなのだ。劣等感を抱くということは、自分がもっとよくなろうと思っていることの裏返しである。自分を向上させたいという意欲があるからこそ、周囲の魅力的な人のことが気になるし、自分の欠点も見えてくるわけだ。

しかし、劣等感にさいなまれてしまって、自分は不幸だ、ダメ人間だとグズりながら、自ら何かを積極的にやろうとはせず、不満や愚痴だけを並べているようではいけない。

幸福というものは、自分の気持ち次第である。「私はダメだから」と決めつけてしまったり、自分を嫌いになったり、心を閉ざしたりせずに、「今の自分はダメだけど、いつか、なりたい自分になれるんだ」と前向きに考えるのがいい。

確かに、劣等感というものに一度とりつかれてしまうと、立ち直ることは簡単ではない。けれども、劣等感というのは誰にでもあるものだということを認識して、この恥ずかしさや情けなさを克服しよう。

劣等感を適度に持っている人のほうが挫折にも強いし、常に努力をしようという前進のエネルギーを持っているから、いい生き方ができる可能性が高い。

「劣等感はイヤだ」ではなく、「劣等感こそ歓迎すべきだ」と考えてみてほしい。

コンプレックスに悩まされたとき

人間は、いろいろなコンプレックスに悩まされるものである。

代表的なものの一つが容貌に関するコンプレックスだろう。太っている、目が小さい、足が短い、肌が荒れているといった体のことから、ヘアスタイルがキマらない、どんな服を着ても似合わないといったことまで、容貌に少しでも欠点を感じる要素があると、人間は憂うつな気分になり、場合によっては自己嫌悪に至って始終悩まされることになる。

こうしたコンプレックスを解消するには、ちょっとした発想の転換があればいいのである。

ある女性が教えてくれたことだが、彼女は少々のコンプレックスであれば、会話の中でネタにしてしまい、憂うつな気分を発散させているという。本人はそれなりに気にはしているものの、気に病んだところで変えられるものでもないし、人の視線に過敏になるのもイヤだから、話の中で面白おかしくネタにしてしまうのだという。すると、人から指摘される前に自分から言うことで気持ちは楽になる。さらに相手との間にある壁が取り払われるような感じがして打ち解けられるし、そのうちコンプレックスも魅力的に思えるようになってくるのだという。

本章の最初にも述べたが、コンプレックスとは、あなたをあなたたらしめている大切な個性の一要素なのだ。あなたが、その部分を嫌いであればそれは欠点のままだが、好きになれば長所にもなり、まわりの人も大切な個性として認識するのである。

また、自分は落ちこぼれだとか、自分は二流だなどという、優劣に関するコンプレックスに悩まされるのもやめにしたい。このようなことにこだわり悩む人は、いわゆる一流高校から一流大学、そして一流企業に就職することが人間として優れていることだと思い込んでいる人に多い。

しかし、この「一流」とは何だろうか。歴史があるからか、給料が多いからか、偏差値が高いからか、株式市場に上場しているからか。結局、その基準などはっきりしない。それは社会がつくりだした虚構にすぎない。絶対的な優劣などないのである。そもそも、人の価値に差がないことくらい、よく考えればわかることだろう。一流、二流の差があるのはホテルくらいのものである。

優れた人生の生き方とは、誰になんと言われようとも自分の選んだ道を行くことだと私は思っている。

自分には才能がないと感じたとき

ある日、テレビを見ていたときのこと。中学校を卒業して料理店で修業をする料理人志望の子どもたちの様子と、その後を追ったドキュメンタリーが放送されていた。当初、二〇人近くいた子どもたちのうち、厳しい修業に耐えて二年後に店に残っていたのは、当初何をやらせてもダメな男の子と女の子だった。

かつての仲間が店を訪ね、二人の料理を食べてしばし絶句し、こう言った。

「昔は自分のほうが料理が上手いと思っていたけど、二人のほうがずっと上でした」


人よりも動きが遅く、声も小さくて、先輩に叱られてばかりいた女の子は言った。

「私はこの仕事がダメだったら終わりだったから、ほかの仕事がなかったから、頑張るしかなかったの」

自分の状況を自覚し、時間をかけて努力すれば、才気煥発な人間に勝つことができる。改めて教えられたものだ。

自分には才能がない。力がない。何をやってもうまくいかない。

誰もが一度や二度はこんなふうに落ち込んだことがあるだろう。

劣等感とは自分が他人より劣っているという感情である。つまり、劣等感を抱くのは、自分がもっとよくなりたいと思っていることの裏返しだ。自分をより高いレベルに引き上げたいという意欲があるから有能で魅力的な人のことが気になるし、自分の欠点も見えてくる。

劣等感を感じたら「よし、自分には向上心がある、頑張ろう」と前向きに考える努力をしてほしい。

そもそも悩み多き人であることは決して悪いことではない。物事を深く考え、自分自身を省みたり、他人との関係を改善したりする起爆剤となり得るからだ。苦悩を乗り越えることで人間的にも成長する。

つまり、劣等感を持つということは、自分自身と向き合うチャンスを得たということである。

「私は無能だ」と悩んでいる人には可能性がある。だから「大いに悩みなさい」と私は言いたい。満足するところに、進歩などない。より高きを目指して、困難に立ち向かおうではないか。

他人との比較はたいていにおいて無駄であることが多いが、それを目標にしたり、励みにしたりするときには力になる。悩み、自分の欠点を自覚した上で、大きな一歩を踏み出そう。

孤独感に押しつぶされそうになったとき

人間であるかぎり、ときに孤独を感じることは当たり前のことだ。「生きることは深い孤独の中にあることだ」と言ったのは、ドイツの劇作家ヘッベルである。宗教家や哲学者でもない私たち凡人は、孤独に苦しめ続けられるのである。

もっとも、常に他人から疎外されていると感じ、そのために孤独感を強く意識してしまい、自分の殻に閉じこもってしまうようになると危ない。社会的に生きていけなくなる可能性もあるからだ。うつ病や、アルコール依存症、認知症を生み出す背景にも、孤独があるとされている。現実以上に強く孤独を意識しすぎるのは危険である。

しかし、もともと人間は孤独には耐えられない存在である。ある大学で、非社交的で内気、あまり他人と付き合いたがらない人を密室に入れ、どれくらい孤独に耐えられるかを調べる実験があった。所定の時間がたち、ようやく外に出してもらったその人の第一声は、「人と話がしたい」というものだった。それが人間本来の姿である。

だから、あなたが孤独を感じ、その孤独にのみこまれそうだと感じているのならば、孤独をイヤがる気持ちをうまく利用してやればいい。孤独にさいなまれながら誰かから声をかけてもらえるのを待つという受動的な態度ではなく、自ら働きかけて、孤独を感じる気持ちや環境を変えていけばいいのである。

まず心理的には、他人を理解しようとして、自分の心を開き、何ごともなるべく楽しくふるまうように心がける。環境的には、積極的に人の中に出ていき、いろいろなお誘いがかかるくらいの人間関係が築けるよう努める。あるいは、部屋の壁紙を明るくするといったことでもいい。ひとりで考え込んでしまう時間を減らし、なるべく身体を動かすようにするのである。

孤独を嫌う気持ちをエネルギーにして、殻を破って外へ働きかける。こういうことを繰り返すことで、いわれもない孤独感に苦しめられることは少なくなっていくはずである。

他人の言動で傷ついたとき

他人のなんでもない一言に傷ついてしまう人がいる。

「いいなあ、パソコン買ったんだ。何台目だっけ」と言われただけで、「あの人は自分のことを生意気だと思っている。そんなに何台も持っている必要などないと考えているに違いない。嫌われている」と落ち込む。

あるいは、人の視線を感じただけで、「私、きっとどこか変なんだ。服のセンスが悪い？　この場にいること自体が浮いているのかも」などと思い悩む。

他人の何気ない一言が胸に刺さるという経験は誰しもあるが、何かにつけてすぐ傷ついてしまう人は、いわゆる被害妄想の傾向がある。

いかにやさしい人でも、傷つきやすい人の心までは想像できない。「何を言っても傷つく人だな」と思い、気楽に付き合うことができない。そうすると、傷つきやすい人はまわりから「腫れ物に触る」ように扱われるわけだが、そうするとまた「誰も自分と打ち解けようとしてくれない」となおさら落ち込むのである。

このような人は、「なぜ自分が傷ついたと感じるのか」を冷静に考えて、自分がおちいった考えが実は、根拠のない思い込みだと認識するよう努めることだ。

だがそれ以前に、自分の行動にもっと自信を持ってもらいたいものである。

パソコンを買うだけの余裕があり、欲しいから買ったのだから、他人がどう思おうと勝手だろう。また、周囲の視線を感じても、実は自分が思うほどまわりは自分のことを注目しているわけではないし、仮に容貌や服装がどうであっても、自分はその場にいる必要があるからいるのであり、自信を持っていいということだ。

もっとも、そう簡単に開き直ることができれば苦労はないだろう。

こういったときには、先ほど触れたコンプレックス克服法が役に立つ。「他人にこう思われるのではないか」という心配があるのなら、人から言われる前に自分から言ってしまうということである。

自分の不安を言葉にしてしまうことで、他人の心に対して疑心暗鬼になることはなくなるはずだ。「そう思われてもいい。自分だってそう思っているのだから」と、おおっぴらに開き直れるのである。

傷つきやすい人というのは、他人からどう思われているかを常に気にしているものである。その気がかりを心にためこんでいってしまうから、指摘されると「やっぱりそう思われてたんだ」「痛いところをつかれた」となおさら傷つく。

「言われなくてもわかっている」ということを表明してしまえば、つまり、自分で先に自分の痛いところをついてしまえば、ものすごく楽になることを知ってほしいと思う。そして、そのように自分で言ってしまえば、意外と相手はそのことに関してああだこうだと言わなくなるということにも気がつくはずだ。

他人の気持ちがわからないとき

対人恐怖症ぎみの人というのは、相手が何を考えているのかわからないと感じ、何をするにしても二の足を踏み、行動範囲を狭くしている。もしもあなたがそんな心配をしているのなら、どうということはない。

実は、相手もまた「相手の心がわかった」と思いたいのであって、ほんとうは相手の心がわからず、他人が怖いのである。だから、たいていの人は「あの人はこう考えているのだろう」と勝手に予測してわかったつもりになって、恐怖や不安を軽くしているのだ。

相手が何を考えているのかさっぱりわからないと不安だ。不安だから予測を立てて行動する。そしてときに失敗する。他人の考えていることなどわからなくて当たり前なのだから、失敗があってもおかしなことではない。

ところが、対人恐怖は、この失敗にこだわってしまうことから生まれる。見当はずれな行動をして相手に嫌われるのではないか。そんなふうに恐怖や不安に縛られてしまうのである。

しかし、人間は行動しなければ、相手の考えていることがわかるようにはならない。厳密に言えばわかるようになるわけではないが、慣れるし、経験から予測も当たるようになる。

また、こんなふうに考えることもできるだろう。あなたが、相手から見当違いなことをされたり、誤解にもとづいたことを言われたとしても、それが親しい人だったら平気だろう。逆にそれほど親しくない人に言われるとショックだ。

つまり、人を恐れてばかりいないで、まず相手と親しくなることを心がけよう。そうすれば、多少の見当違いでも相手はきっと許してくれる。人を恐れて付き合わないのではなく、付き合うことで恐れがなくなっていくようにするのである。

反対に、相手のことを完全にわかったつもりになっている、そして自分のことも相手にわかってもらわなければ気がすまないというのも問題だ。

少しは理解は深まっているはずなのに、完璧を求めすぎて「もっとわかって」「どうして理解できないのか」とイライラする。そうすると逆に相手との間に溝ができてしまうことに気づきたい。

自分が思っている以上に相手の心を理解することはできるものだが、さりとて完全に理解できるということは決してない。それは相手も同じである。完璧な人間関係などないのだ。ほどほどのところで満足し、わかり合えた部分を喜び、大切にしよう。

恋人がいなくて不安なとき

私の青年時代は、恋人などいなくて当たり前、お見合いで結婚するのが当たり前という時代だったが、現代はだいぶ様子が変わってきている。お見合いで結婚する人もたくさんいるだろうが、恋愛結婚のほうが一般的になっているようだ。

若い人たちは「彼」「彼女」がいるのが当たり前。恋人がいないとどこかおかしいとか、よほどモテないように思われることもあるらしい。

雑誌やテレビなどでは盛んに恋愛特集が組まれ、今いちばんおしゃれなデートスポットだとか、喜ばれるプレゼントだというような情報で賑わっている。これをやっては「NG」という決まりごとがあって、それにひっかかる人は相手にされないらしい。

異性とスマートに付き合える人はどんどんモテて、そうでない不器用な人にはちっとも恋愛のチャンスがまわってこない。チャンスがないので、ますます異性との交際が苦手になり、自信をなくして引っ込み思案になる。こんな悪循環があるようだ。

私は、恋人がいなくても、別に恥ずかしいことではないと思う。ある女性が、「今は彼がいないけど、好きでもない人とデートをするくらいなら、家で本でも読んでたほうがいい。ほんとうに好きになった人とデートをしたい」と言っていた。古いと思われるかもしれないが、私にはすごくすがすがしく聞こえたものである。

また、雑誌やテレビの情報に振り回されて、あまり焦る必要もない。彼らは、そうやって私たちの気持ちをあおるのが仕事なんだと冷静に受け止めたい。

しかし、家で本ばかり読んでいたのでは、恋のチャンスはいっこうに訪れない。ステキな人に出会うチャンスを求めて、人の集まるところに顔を出すぐらいの努力はしたいものだ。

ボーイフレンドやガールフレンドのひとりもいないと、異性に対して劣等感が強くなってしまう場合がある。「対人恐怖」の一種だ。

「冷たくあしらわれたらどうしよう」「断られたらイヤだな」という不安から、つい引っ込み思案になってしまう。こうした対人恐怖の心理は、実はプライドとセットになっている。プライドが高いと、なかなか恋に積極的になれないのだ。

しかし、安心してほしい。プライドと劣等感は誰でもセットで持っているものなのだ。相手も劣等感とプライドの間で揺れ動いている普通の人間なのである。自分が好きな相手は素晴らしく見えるので、劣等感など持っているとはとうてい思えないかもしれないが、それは大きな間違いである。相手も劣等感だらけの人間なのである。そう思えば、内気な人も、少しは異性と気楽に話せるようになるのではないだろうか。

失恋したとき

ある女性が自分の恋について、こう話していた。好きな人ができると、スペアの男性を必ずつくる。ふたまたをかけるのである。なぜなら、ほんとうに好きな人にふられたときが怖い。そのときに「いいわ、私にはこの人がいるんだもの」と思えるように、もうひとり彼をつくっておくというのである。失恋のショックを和らげるクッションをあらかじめ用意しているわけだ。

「なんたること！」と思う人がいるかもしれないが、私は、案外、人間というものは、多かれ少なかれ無意識のうちにこういうことをやっているのではないかと思う。この女性は、自分でそれがわかっているのだから、頭のいい人だと思うのだ。

失恋の不安は、誰にでもある。恋愛にかけるエネルギーというのは、相当に大きいものだ。そのエネルギーが行き場を失ったときは、ほんとうにつらい。誰だって失恋なんかしたくないのだ。複数の恋人をつくるという人が意外といると聞くが、きっとほんとうに好きになって傷つくのが怖いのだろう。

その気持ちはわかるが、自分のショックを和らげるためのクッションとして他の人をキープしておくというのは、やはり賛成できない。他の人間を自分の道具のように使う人は、いつか自分もそんなふうに使われても仕方がないのではないだろうか。ごまかしの恋をしていると自覚しているのは結構だが、ごまかしはやはりごまかしだ。

それよりも、失恋したときに、あなたをなぐさめ、クッションになってくれる同性の友達はいないだろうか。同性の友達とお酒でも飲んで失恋の傷を癒そう。いい友達がいれば、その人の存在が精神的な支えになって、思い切って恋の相手にぶつかっていく勇気がわいてくるはずだ。

失恋をしたって、いつまでもその不幸が続くわけではない。きっとそのあとには、素晴らしい恋がやってくる。大失恋をすれば、そのあとにはきっと、素晴らしい幸せが待っているに違いないのだ。

そう信じてほしい。そう思えば心のクッションができるだろう。

大切な人を失ったとき

人の命は無限ではない。それはわかっていても、大切な人を亡くすと、心にぽっかりと穴があく。大きな喪失感に襲われ、すべてのことをする気力が失せてしまうことがある。

そんなとき、私は無理に元気になろうと努力しないほうがいいと思う。大切な人の死に関する思い出を、洗いざらい吐き出してしまうことのほうが大切だ。

「弱音を吐いてはいけない」「泣いてばかりではいけない」という気持ちは立派だが、それが虚勢であるかぎり、気持ちは空回りするばかりだ。

そんなときは、しばらくうつになろう。つらい変化が起きたときに体勢を立て直して問題に対処する、そのための時間をつくってくれるのがうつなのだ。

悲しむこと、苦しむことを恐れず、大切な人との思い出に浸り、存分に泣く。悔いがあるのならば、思い切って親しい人に打ち明ける。怒りたければ怒ってもいい。何もする気が起こらなければ、何もせずに悲しんでいたっていいのである。

そういう過程を経れば、通常はおのずと「悲しんでばかりいないで、少しは行動しよう」という元気がわいてくるだろう。静かにそのときが来るのを待つ。そんな気持ちで日々を送りたい。

大切な人の死は、そう簡単に乗り越えられるものではない。むしろ、いつまでたっても乗り越えられないことのほうが多い。ことあるごとに悲しみがぶり返してきたり、「もしあの人が生きていたら」と考えるのは自然なことである。

自暴自棄になってしまうとき

死や、失恋、別れなど、世の中には数え切れないほどの悲しみ、苦しみ、つらいことがある。

そんなときはとにかく、そのつらさをガマンするのではなく、吐き出すことが大切だ。感情を内にためているだけでは、なかなか憂うつな気分も解消されない。泣くもよし、怒るもよし、パーッと騒ぎに行くもよし。感情のはけ口を見つけることで、イヤな気持ちを発散させてしまうのだ。

多くの人は、そうした気分転換の方法を少なからず身につけているだろう。

しかし、自暴自棄になって、アルコールに溺れたり、ギャンブルや買い物に熱中したり、次から次へと異性と交際するなどして、快楽に救いを求め、一時的な現実逃避をするという方法は間違いだ。快楽に身を投じれば、健康を害したり、資産を失うことはもちろん、ふと冷静になったときに、ダメな自分を責めて、余計に心が傷つきかねない。

また、酒やギャンブルなどは、度を越すと依存症におちいり、人生や家庭が崩壊してしまう。

自暴自棄になって、短絡的に快楽に溺れたり、場合によっては自分を傷つけたりしても、決して心が癒されることはないと断言しよう。

また、そのようなことをすれば、あなたのまわりにいる大切な人を苦しませることになるということも覚えておいてほしい。

イヤなことを「忘れよう」と思って自暴自棄になるくらいなら、あれこれ考えるだけ考えて、とことん落ち込んだほうがいい。時間はかかるが、たいていの人はいずれ、くよくよすることに飽きてくるはずだ。そうすれば、今後自分は何をしたいのかを考えたり、行動するための正しい判断ができるようになるのである。

病気になってしまったとき

「一病息災」と言えば松下幸之助さんである。

「無病息災」の「無病」を「一病」に置き換えたこの言葉は、病気を経験した人は以後健康を気づかうので丈夫で長持ちするという意味を持つ。いつも病気ばかりしているのでは困るが、一度や二度ならいい結果につながる。これは子どもの頃から体が弱く、肺尖カタルを持病としていた松下さんの経験が言わしめた言葉である。

私は、この言葉には、病気をした人は、誰に対しても温かい気持ちで接することができるという意味も込められているのだと思う。

ある女性が、自分のつらい気持ちを友人に話したら「ヒロイン症候群？」とからかわれて、ひどいショックを受けた。

「この人は、ずっと幸せに生きてきたから、私の気持ちなんてわかってもらえない」

そう思った彼女は心を閉ざしてしまった。

つらい気持ちや苦しいことがあって、誰かに話を聞いてほしいときがある。そんなとき、「甘えるな」とか「もっと強くなれ」と言っても、ネガティブになっている人の気持ちを救うことはできない。

そのような人を救えるのは、そういう経験をしたことがある人だけである。立派なアドバイスをしてくれる人より、ただ黙って話を聞いてくれる人が必要なときもある。トルストイも「生まれてから一度も病気になったことのない男を友とするな」と言っている。もしもあなたが落ち込んでいるなら、今の状態を心に刻みつけておこう。どんな言葉があなたの心に響いたか。誰のどんな態度が嬉しかったか。どんなときに心が休まったか。

病気を経験したり、逆境に追い込まれたりしたとき、人は新しい力を手に入れる。病気からゆっくり回復するときや、逆境からはい上がるときに感じる力である。

この力を体に記憶させておこう。それを決して忘れずにいれば、いつか、今のあなたと同じような状況の人に温かい言葉をかけることができる。人の苦しみや人の悲しみがわかる心温かな人間になることができるのだ。

お金が足りないとき

お金は天下のまわりもの。お金は人類の最大の発明の一つであり、人間の知恵の所産である。お金は生活に欠かすことはできないし、いかなる政治体制や宗教も、お金を否定することはできない。

しかし、このお金とどのように付き合うかで、その人間が幸福になるか、不幸になるかが決まるだろう。

お金は確かに大切だが、お金に振り回されてしまうようではいけない。誰でもお金は欲しい。私も平凡な俗人であるから、やはりお金は欲しい。しかし、私はまったくお金には縁がないようだ。一生懸命稼いでも病院の経費に消えてしまうし、少しでもいい医療を提供しようとすればするほど、赤字が増えるという、我が国の医療事情の矛盾があるわけだ。

それはともかく、我が国では相変わらず「自己破産」するものがあとをたたない。

最高裁判所によると、平成十四年の自己破産申立件数は、ついに二十万人を突破。この十年で四倍増である。

若い人であれば、クレジットカードばかりを持ち歩き、それでどんどん買い物をしたり遊びに使う。このカードが大きな落とし穴で、給料日に支払えばという甘い考えで好きなように使っていると、額はみるみる増え、口座の残高はゼロになり、そしてマイナスになり、やがてどうにもならないほどの金額を背負い込むことになる。さらに、なんとかお金を工面しようと借金などをして、どんどん泥沼にはまっていく。

世の中が平和だと万事派手になりやすく、浪費が増えていく傾向がある。だからといって節約することばかり考えていると、どうも毎日が楽しくない。しかし、倹約を心がけずに成り行きにまかせていると、人は困窮し、果ては破産となる。

ただ破産するだけならまだ救いがあるが、たいていはその過程でさまざまなトラブルを抱え込むことになる。

当たり前のことだが、お金は使えばなくなるのである。ケチと呼ばれようが、貧乏くさいと陰口を叩かれようが、倹約できるところは倹約する。いざというときには、誰も助けてはくれない。そもそも、お金を使わなくても楽しいことはいくらでもあるはずだろう。何につけ遠い先のことでも早いうちから考えておかないと、結局困るのは自分なのである。

部屋から出られなくなってしまったとき

「ひきこもり」という言葉が市民権を得て久しい。私の病院にも、学生や社会人を問わず、「子どもが部屋から出てこない」と相談に来る親御さんが多い。

こうした「ひきこもり」は、人間関係で何らかの傷を受けたなどの理由でうつやノイローゼになったことからくる症状の一つだが、そこには「自室にこもっていても、親に依存して生きていける」という甘えも潜んでいる。それは、ひとり暮らしの人は「ひきこもり」になりにくいということを考えてみればわかる。彼らは、全部自分でやらなければいけないから、部屋から出なければ生活できないのだ。

もし、あなたが「ひきこもり」の症状を来しそうになったら、よくよく考えてほしいことがある。

現代人の大半は孤独を抱えている。それこそひとり暮らしの寂しさを感じている人もいれば、家族や友人と心が通わないと悩んでいる人もいる。若い人が携帯電話を使ってひっきりなしにメールのやりとりをしているのも孤独の裏返しである。

その一方で、人間関係を極端にわずらわしがり、嫌い、恐れる人もいる。しかし、そのような人の声もよくよく聞いてみれば「やっぱり寂しい」というのが本音なのだ。

つまり、人は人間関係の中でしか生きることができない。孤独の時間に浸る喜びも、充実した人間関係が他にあってこそのものなのである。

このことを踏まえて、今一度外に出て、人間関係を取り結ぶ努力をすることはできないだろうか。

それでも難しいというのであれば、精神科医による診察を受ける必要があるだろう。先にも述べたが、「ひきこもり」も病気の一種である。医師による適切な治療を受ければ、いずれ快方に向かうのである。

どうしようもないと感じたとき

まだまだ挙げきれないほど、人生には「もうイヤだ」と感じる悩みや苦しみがある。そうしたものに遭遇するたびに、自分ではどうしようもないと感じて、さらに気持ちが重くなる。

ところが、ほんとうに自分ではどうしようもないのかと言えば、実はそうでもないのだ。人間はほんとうに意外な力を持っている。それは、本人が考えている程度のものではなく、それ以上の力である場合が多い。

ずいぶん昔になるが、三時間くらいの訓練を受ければ、普通の非力な人でも電話帳を素手で真っ二つに破ってしまうということが流行した。実際には、これは自分が知らない間に催眠術をかけられているのである。あるいは暗示と言ってもいいだろう。

人間は普段、自分が持っている力の十パーセントくらいしか使っていない。これを暗示によって二十パーセントくらい使えるようにしてやれば、たちまち電話帳を両断してしまうことができる。つまり、その暗示がすごいということでなくて、人間がもともと持っている力とは、自分が想像しているよりもはるかにすごいものなのである。

自分が設定している自己のイメージは、いわば虚像でしかない。その虚像は、ほんとうは自分の一部にすぎない。自分ではそれが全体像だと感じていても、錯覚なのである。

実際、他人から指摘されて、初めて自分の別の一面を知るという経験をする人も多い。しかし、そのように他人が指摘した自分に関するイメージも、実は実際の自分の一部分にしかすぎない。自分が抱くイメージと他人が抱くイメージを重ね合わせ、総合すれば、かなり自分の実態というものに近づけるだろう。

自分の力を過信しすぎてはいけないが、過小評価しすぎてもいけない。つらいことがあっても、もうダメだとさじを投げるのではなく、自分は乗り切れるはずだと希望を持つことだ。それが、自分を「もうイヤだ」という状況から解放するための方法ではないかと思う。

悩みやつらさにさいなまれるたびに自分は不幸だと思っている人は、何事にも消極的になりがちだ。しかし、幸福というのは極めて抽象的な概念である。自分で適当に色を塗ってしまえば、それはどんな色にも変わりうる。

要は何ごとも心の持ちようだということなのだ。

第4章

「もうイヤだ!」を生まない暮らし方

自分の時間をたくさんつくろう

どのような理由であれ、気持ちが行き詰まってしまったら、私は、自分の時間を持つことをおすすめする。

あなたにとって自分の時間とは何だろうか。友達と遊びに行く、家族と過ごす、もしくはひとりで趣味に没頭する。いろいろあるだろう。いずれにしても、この自分の時間とは、ストレスを感じる要素がない、自分のためだけに使える贅沢な時間と言ってもいい。

このような時間を持つことで、一旦気持ちをリセットでき、心の負担を和らげることができるのである。

しかし、心が疲弊してしまった人に限って、自分の時間を持てないと感じるものである。「忙しい」「そうした余裕はない」「とてもそんな気が起きない」などいろいろ言い分はあるだろうが、自分の時間は、別に休日ではなくたって、どんな形でも持てるものだと考えを変えてみよう。

例えば、通勤中は雑誌を読む時間にあてる。仕事と仕事の間に空き時間ができたら、散歩をしてみる。どんなに忙しくても「おやつタイム」は必ず設けるなど、上手な時間のやりくりと、「休むときは休む」という気持ちのわりきりが大切である。

また、自分の時間を持つということに乗り気にならなくても、まずは無理をしてでもそうした時間をつくってみよう。「自分の時間」というクッションをはさむことで、悩みや負担というのは想像以上に軽減されるものなのである。

同じ悩むにしても、ただ悩み続けるのではなく、合間合間に自分の時間をつくるようにして、時々リフレッシュしながら悩んだほうが楽だということは、容易に想像できるだろう。

そして、そのほうが早く悩みから立ち直れるということを理解してほしい。

悩みがあるときはヒマな時間をつくらないことが大切

イヤなこと、つらいことは忘れるに限る。これはよく言われることだ。しかし、なかなか忘れられないのが悩みというものだ。とりわけ、深い悩みがあるときは、何を考えても結局そのことに気持ちがいってしまう。その結果、ますます悩みが深いものになる。

実は、忘れようとすればするほど、記憶にその悩みが深く刻みつけられるのである。だからすぐに思い出してしまうという仕組みになっている。

この悪循環から逃れるためには、逆に忘れようと思わないことだ。「忘れよう」とは思わず、徹底的にそのことについて考えてみる。自分はどうすればよかったのかを書き出して、詳しく検討してみる。そうして整理してみれば、意外に解決法が見えてくることがあるのである。

自分ができるだけ上機嫌になれる状況をつくることもいい。自分が楽しくなるようなことをしてみるとか、すぐできそうな簡単なことをやって、小さくてもいいから達成感を味わうのである。この達成感が自信につながるのだ。

何か自分で目標を決めて、それをやり遂げるといったことをする。そして目標を達成したときには、自分で自分にごほうびをあげてもいいだろう。

例えば、あることを達成したら、欲しかったバッグを自分に買ってあげようと思えば励みになる。人間はけっこう誰でも功利的な面を持っているので、この方法は案外有効だ。

病院にも、企業にも、表彰という制度がある。賞があるから努力したくなるという心理が働くわけだ。

いずれにしても、悩んでいたり、つらい気持ちのときは、できるだけぼんやりとした空白の時間をつくらないことである。ともかく散歩をしてみるとか、スポーツで汗を流すとか、目の前に映画のＤＶＤを何枚も積んで、これを何日までに観ようと決めるとか、多忙な状況に自分を置いてしまえば、「もうイヤだ」という気分もいつのまにか吹き飛んでしまっているはずだ。

時間があまっているから、心配なこと、イヤなことを思い出して悩んでしまう。そんなときは、自分を忙しさの中に入れてしまおう。くよくよと悩む時間さえなくなってしまうはずだ。

「孤独」をうまく利用しよう

もし、あなたが「自分は孤独である」ということ以外で悩んだり苦しんでいるのなら、孤独の時間を持つといい。

人間というのは勝手なもので、孤独はイヤだと思いながら、その一方でときどき孤独になりたいこともあるのだ。

ひとりになると、周囲の雑音を遮断することで、自分自身と向き合って冷静にものごとを考えることができるのである。そのため、肉体的にも精神的にも充足した時間を過ごすことができ、日頃からたまった精神的なストレスから解放されやすい。また、これは新鮮な発想が生まれたりするクリエイティブな時間でもある。だから、できれば一日一回くらいは、ひとりになる時間を持つことを提唱したい。

ひとりになるためには、自分の部屋を持つのがいいのだが、ほかにもいろいろ工夫すれば、ひとりになれる場所は意外とあるものだ。

例えば通勤電車の中や、空いた時間を見つけてひとりで喫茶店に行くなど、時間をうまく利用するのだ。

大切なことは、やたらに話しかけてくる人がいたり、まわりの音や声が気になって仕方がないなど、思索の邪魔をする要素がない場所であることだ。

そうしたものにわずらわされず、ひとりでゆっくり自分に向き合えたり、知り合いの目を気にする必要もなくリラックスできる時間であれば、それが「自分だけの孤独な時間」になるのである。

イヤなことは一度にすませるのが、心身の健康にいい

人間は、イヤなこと、つらいこと、頭にくること、そういったストレスに襲われた場合、それに対してバランスを保とうとする。いわばストレスに対する抵抗力といったものが働くのだ。この抵抗力は、適度なストレスを与え続けている間は強まるのだが、過度なストレスを味わわせたあとでは、些細なストレスにも抵抗できなくなってしまうことがある。

例えば、イヤな仕事をいくつも続けて押し付けられたときは、意外に私たちは耐え

ることができる。しかし、最初の仕事をこなしたあと、まだその疲れが残っているうちにイヤな仕事を押し付けられたときは、それがとうていガマンできないものに思えてくるのだ。

だから、あなたがどうしてもかかわらなければいけないイヤなものがいくつかある場合には、なるべく短期間ですませてしまい、苦痛を長引かせないようにすることである。そして、十分休息することである。

このような困難で多忙な仕事を一気にこなしたあとには、自信というものが生まれるはずである。だから、そのあとに再び困難な状況がやってきても、前よりも楽にそれを受け止めることができる。

ところが、やっとのことで困難な仕事をやり終えた直後や、あまりその仕事の結果について自信が持てないままに終わったようなときには、次に再び難しい仕事がやってきたとき、やる気がちっともわかなくなる。それだけでなく、普通なら簡単にすませられる仕事でさえ、億劫になってしまうのだ。

ビジネスにかかわる精神医学を研究しているアメリカの産業精神衛生部会では、このような人間の心理的メカニズムから、肉親の死や、人間関係の極度の不和などを経験したあと三カ月から六カ月くらいしか経過していない人に対しては、転職や配置転換などをしないほうがいいと報告しているくらいだ。

自分ではどうにもならないストレスというものもあるが、もし自分の努力で解消できるストレスならば、早めに解消しておくことである。

喜怒哀楽は素直に出すといい

日本人は一般的に、喜怒哀楽を表に出さないことが美徳とされている。そのようなものを露骨に表す人は、周囲の状況や他人に与える影響などの空気が読めない、感情のコントロールができない人間だというレッテルをはられがちだ。

しかし、感情を押し殺した結果、まわりから立派な人間だとほめられたとしても、その人が幸せな気持ちになれるのかというと、そんなことはないだろう。特に「怒」「哀」を抑えこむと、ためこんだ感情が行き場を失って、心が傷ついてしまう。

直情的な言動は他人に迷惑をかけるし、自分の評価は下がるし、感情を抑えればストレスが襲ってくる。でも解決策は、単純だ。

ガマンした感情をできるだけ早い機会に、ひとりになって発散すればいいのである。誰もいないところなら何も遠慮することはない。絶叫するもよし、大声で言いたい放題わめき散らすのもいい。そんなことで気持ちが晴れるのかと思われるかもしれないが、百パーセントとは言わないまでも、それなりの効果がある。少なくとも、相手に感情を爆発させないだけの抑止力にはなるはずだ。

もちろん、カラオケで絶叫するのもいい。部屋でガンガン音楽を鳴らして、歌い踊るのもいい。スポーツ中継に感情移入して、大騒ぎしながら観戦するのもいいだろう。とにかく大声を出して、たまりにたまった思いを発散すると、気持ちは晴れ晴れする。

そういう「イベント」を意識して日常に取り入れることだ。

「哀」の感情を出す、つまり泣くことも同様だ。涙には、ストレスを感じると体内で生成される物質が含まれているから、泣くと体内のストレスが軽減され、気持ちがすっきりするという学説もあるほどなのだ。

「泣きたい気分」のときは、ガマンせず涙が枯れるまで号泣しよう。「涙なくしては……」という小説や映画の力を借りるのも大いに結構だ。

心のモヤモヤが発散できるのなら、翌日になって多少目が腫れていてもいいではないか。目の腫れは時間がたてば治るが、心の悲しみはそう簡単には晴れないのだから。

笑う門には福来る

「もうイヤだ」という心の状態を軽くしてくれるものに、心からの笑いがある。

気持ちが落ち込むと、なかなか笑う気分にはなれない。誰もが笑う冗談を聞いてもおかしくないし、お気に入りのバラエティ番組を見てもちっともおかしく感じなくなるものだろう。

しかし、気持ちが完全にふさいでしまう前なら、対策はある。例えば、友人と飲んで騒いでバカな話で盛り上がって、わけもなく大笑いするような機会を持つといい。友達やアルコールの力を少し借りるのである。

また、「笑いたいからコメディ映画を見る」「笑いたいから漫画を読む」「笑いたいから芝居を見に行く」というように、「笑う」ことを目的とする行動を日常的に取り入れる習慣を持つことも大切だ。

「ああ、なんかイヤな気分だな」と漠然と感じるようなときにすぐ利用できるように、「必ず爆笑できるもの」を用意しておくといいだろう。

そもそも「笑い」は、医学的な見地からも効果的な心の健康法なのだ。副交感神経の働きを強化し、心身をリラックスさせると言われている。

笑うとモヤモヤしていた気分が一気に晴れたような、爽快な気分になることは誰しも経験しているだろう。これは、あらゆる緊張感から解放されるためだ。

笑う人は健康になるし、前向きになれる。まさしく「笑う門には福来る」わけである。

日常生活に大いに笑いを取り入れ、笑いによって上手にストレスを発散してみてほしい。

自信をなくしたときは得意な場所に戻ろう

イヤなことやつらいことがあったり、仕事や人間関係で行き詰まってしまうと、

「もうダメだ」とついつい自信喪失してしまう人がいる。

こうしたときは、自分の得意な場所に立ち戻って、自信を回復するといい。

例えば、勉強がちっともはかどらない。新しいことがちっとも頭に入らず、ほとほとイヤになってしまったときは、自分の得意な分野を復習してみる。過去にやったことなら頭にすいすい入るし、復習にもなる。そのうちまた調子も戻ってくるので、そうしたらまた新しい分野に手をつけるのである。

人間関係でも、人とうまくいかないことが続いたら、しばらくの間、自分が心置きなく付き合える人を中心に人間関係をまわしてみよう。そうすれば、うまくいかなかった人ともうまくいくようになるだろう。

人間には、バイオリズムというものがある。うまくいかないときは何をやってもうまくいかない。逆にうまくいくときは、何をやっても面白いほどうまくいくというような経験は誰しもあるだろう。

得意な場所に戻るというのは、このバイオリズムを意図的に変えることでもある。

小さなことでも自分にできることをやって自信をつける。達成感を得る。親友と飲んだり騒いだりして気持ちを前向きにさせる。

そうやって自分のまわりにあるマイナスの流れをプラスに変えるのだ。そうして前向きになると、それまでうまくいかなかったことも、不思議とうまくいくようになるのだ。

「自分にはそんな得意な場所はない」と言う人も、よくよく考えてみよう。どんな些細なことでもいい。それに取り組むことをすれば、必ず成就感を得たり、気持ちが前向きになれるなど、成功体験を持てるものだ。自己満足で大いに結構。それが自分の得意な場所なのである。

心が回復する休養のとり方

心が疲れたら休養をとりなさいとは、よく言われるところだ。とはいえ、何か悩みごとがあるときには、一日中のんびりしているにもかかわらず、ちっともモヤモヤが晴れない。それどころか、その悩みが気になって気になって余計気が滅入ってしまうという経験はないだろうか。

実は、休養には二種類ある。一つは何もしないこと。すなわち、睡眠をとったり安静状態をとることだ。先ほどの、一日中ゴロゴロしているというのは、こちらのタイプである。

そしてもう一つは、適度の刺激を与える休養だ。運動や趣味の時間をつくってそれに没頭したり、遊んだりすることである。

さて、現代人のライフスタイルでは、コンピュータの導入などによるテクノストレスなど、圧倒的に神経を使うことによる蓄積性の疲労が増えている。この手の疲労は、ただじっと休んでいるだけでは解消できるものではない。

何か刺激を与えることで疲れをとることが必要なのである。もちろん、仕事以外の何かでなければならない。ただ家でじっとしていれば心にたまったストレスが解消するというわけではないのである。

そうすると、この休養をとるという一見簡単そうなことが、意外と難しいということがわかる。例えば、月曜から金曜まで一生懸命働いて、週末は外出もせずゆっくり寝ることで休養をたっぷりとったつもりの人がいる。しかし、これでは心身ともに重い疲労感が残り、会社に行くのがイヤになる。ブルーマンデーである。これが高じると「出社拒否」になってしまう。

つまり、こんな休養のとり方では精神的疲労をとることはできないのである。寝るだけではダメで、ちょっとした運動をしたり、仕事とは別なことで頭を使うことが必要なのだ。これは、他の原因による精神的疲労でも同様である。

要は「ほんとうの休養」をとることである。休養をとっているつもりで、ほんとうの休養をとれていない人がたくさんいるのである。物理的に休んでいるだけで、心の中では悩みを抱えたり、会社のことばかりを考えている人が非常に多い。それではほんとうに心が休まらないのは言うまでもない。

そこで、ほんとうの休養をとるために必要なことが、二種類ある休養の後者のタイプに当たる「趣味」であるという理屈につながってくるのだ。

癒しの趣味を持とう

起きてしまったイヤなことを忘れ、気分をスッキリさせるためには、余計なことを忘れて没頭できる趣味を持つことである。

しかし、趣味と聞くとたちまち「私は無趣味な人間だから」と落ち込んでしまう人が少なくないようだ。どうやら、このような人は趣味を大層なものだと考えているのではないか。

そんな人はとりあえず、辞書で「趣味」という言葉を引いてみるといい。私の手元の辞書には「(実用や利益などを考えずに)好きでしているものごと」と記されている。つまり、「好き」なことは、すべて趣味の守備範囲と言える。

そう考えると、いかに無趣味な人でも、趣味と言っていいものを一つや二つ思い出すのではないか。

趣味を持つためには、それを趣味にする最初の勢いが少々必要なだけで、実はとても簡単なことなのである。

例えばインドア、アウトドアを問わずスポーツは、没頭して汗を流すことができるから、イヤなことを忘れるのも早い。自分の都合でいつでもできる、ひとりでできるスポーツを私はすすめたい。

時間がないという人には、ウォーキングがいい。夜、近所を歩くとか、会社からの帰りに一駅手前で降りて歩いて帰宅するのもいい。早足で歩いていると、それだけでも家に戻る頃には心のモヤモヤが軽くなっているものである。

料理をするのもストレス解消になる。自分でつくった料理がおいしければ、達成感とおいしさで穏やかな気持ちになるだろう。誰かと一緒に食べられる環境にあれば、幸福感は倍増するだろう。

音楽も心を豊かにする効果があり、ストレス解消には欠かせない。気持ちが沈んでいるときに自分の好きなジャンルの明るい曲を聴く。イライラしているときに静かな曲を聴くと心が穏やかになることは、学問的にも認められている。自分で演奏する場合には、より効果は大きくなる。

ほかにも陶芸や彫刻、美術品や映画の鑑賞、書道、絵画、俳句、華道、また小説を読んだり書いたりと、いろいろなものが考えられる。こうしたものに没頭すれば、雑念に心を悩まされることはないのである。

自分が心から楽しめる趣味を持って気持ちの切り替えを行い、メリハリのある明るい日々を過ごしたい。趣味の力を借りるのは立派な自己管理なのである。

心が疲れてきたら思い切って旅に出よう

趣味と同様に、私が気分転換の方法としておすすめしているのが、旅行である。

人は、ストレスがだんだん蓄積してくると、どこか遠いところへ行ってしまいたいという蒸発願望を抱く傾向にある。どこにも逃げ場のない気持ちが、現実からの逃避を促すのである。そういうときには、積極的に非日常の世界へ赴く旅へ出てしまうというのも一つの手である。その意味では海外旅行がいちばん非日常を味わえるだろう。

しかし、働いている人ならば、そんなに長期間のんびり旅行に出かけることなど、そう簡単ではないかもしれない。海外旅行なら、まとまった時間もお金も必要だ。そんなときは、近場のホテルに一泊するだけでも気分転換になる。

ホテルに泊まって、携帯電話の電源を切ってしまえば電話もメールも来ないから、日常生活の雑事から離れることができる。ちょっと奮発してゴージャスな部屋でくつろいで、のんびりシャワーを浴びて、気持ちよく洗われたシーツでゆっくり休む。食事も思い切って豪勢にいって、「プチ・セレブ」の気分を味わおう。そしてちょっと足を延ばして観光をしてみれば、相当の気分転換ができるはずだ。

温泉に行くのもいい。旅館でのんびりしたり、温泉に入ることによる実際の効用もある。また温泉地は風光明媚なところが多いので、辺りの自然に触れれば疲れた心も回復する。

一泊すれば、時間を気にせずゆっくり食事やお酒を楽しめる。普段なら翌日のことや帰りの電車のことを考えてしまうが、旅館やホテルならそんなわずらわしさはない。風呂上がりにゆっくり食べて飲んで、あとは寝るだけだ。友人同士で行けば、普段は話さないような話題が出たり、時間もたくさんあるのでとことん語り合うことができるのもいい。

また、近場であっても、電車に乗っていつもと違う景色を見るだけで気分転換になる。窓の外の風景が変わるのを見ていると、なんとなく「旅行に来た」という気分になるから不思議なものだ。

要は、どうやって日常生活から離れる工夫をするか、なのだ。

注意しておきたいのは、あまり乗り気でなかったり、体調がおもわしくないときは、無理に旅行に行っても疲労が蓄積されるだけという結果を招くことである。自分の意志で旅に出ようという気持ちと体調が整ったとき、初めて旅は感動をもたらしてくれるのだ。

買い物でストレス解消も悪くない

「買い物」もストレス発散の一つである。特に女性なら、ショッピングの楽しみについては私がわざわざ言うまでもなく、十分ご承知だろう。

ある女性は年に一回か二回は、一度に十万円くらいの買い物をするという。上から下まで、アクセサリー、バッグ、靴までそろえる。普段はあまり買い物をせず、使うときに思い切りお金を使うのだそうだ。

また、ある人は「買い物は香港で」と決めているという。日本では服を買わず、年に二回、香港のバーゲンシーズンに、二、三泊の旅行に行く。そこでおいしいものを食べ、何十万円とショッピングをするのだそうだ。

ブランド品も日本で買うよりずっと安いし、何より旅行に来ていると「もったいない」という気持ちがなくなってくる。日本でだったら「この時計素敵だけどどうしよう」と迷うところでも、二泊しかいないのだから「買っちゃおう」となるのだという。高価なものを買うのが発散になる人がいる一方で、安いものをたくさん買うのが好きな人もいる。

女性だけではない。以前、テレビであるプロ野球の監督が、自分の「買い物好き」について話していた。ちょっとした合間に、お気に入りのブランド店で買い物をするのが、自分へのごほうびのようだ。

日本人のブランド好きは評判が悪いし、外国のブランド店で品物を買いまくるのは確かに上品な行動とは言えない。しかし、それが何よりのストレス発散になっているのだ。ということは、よほど普段、ストレスを抱えているのかもしれない。

もう少し、普段の生活を豊かに楽しめるようになれば、海外でブランド品をあさってまわりから白い目で見られることもなくなるのかもしれない。

とはいえ、買い物がストレス解消になることは、私も認めるところだ。買い方に品性を保ちながら楽しめればよいのである。

ケチケチしなければ気分転換はうまくいく

気分転換の方法として、旅行や買い物をおすすめしたが、悩みやつらさを軽くしようと思ったらあまりケチケチせず、そういったストレス解消法に思い切ってお金を使うことが大切である。

憂うつな気分のとき、映画館へ行き痛快な映画を見て、そのあとちょっと贅沢な食事をして気分転換ができたとしよう。かかった費用は、どんなに多く見積もっても一万円を上回ることはないだろう。

一万円を払って、気持ちがスッキリして活力がわいてくるのと、一万円をケチって、何日も暗うつとした気分でいるのと、あなたはどちらを選ぶだろうか。

お金を使わなければ気分転換ができないのかと、ネガティブにとらえてはいけない。もちろん、お金をかけずともさまざまな方法でストレス解消はできる。しかし、お金を払うことで、比較的手っ取り早く日常から離れることができるのである。そうしたことにお金を使うのは、とても健全で、有益だと思う。

もちろん、派手にお金を使わなければストレスを解消できないというような人は問題だが、小旅行、食事、ショッピングなど、たいていはそんなにお金をかけずとも、気分転換をすることは可能なのである。

自分の財布と相談することが前提だが、ちょっとお金をかけるだけで沈んでいた気持ちが晴れるのなら、これは安いものである。

おしゃれ心のある人は気持ちを切り替えるのも上手

おしゃれは心のリズムにアクセントをつける。ラフな服装をすれば気持ちもゆったりするし、キリッとドレスアップすれば、気分も引き締まる。

女性は、おしゃれをすることで、自然に自分の気持ちを切り替えることが男性より上手なようだ。お化粧で気分をひきたてたり、流行のアイテムをとりいれたり、髪型をアップにしてみたり、違うタイプの服でイメージチェンジをしてみたりといった具合だ。

男性だっておしゃれをしない手はない。おしゃれにはいろいろな効用があるのだ。まず第一に、高い判断力が必要になる。今日の集まりにはどんな服装がいちばんマッチするか。意中の異性と会うときは、どんな服装がいいか。頭も眼も使う。

バランス感覚も養われる。どのネクタイには、どのスーツが合うか。私は、上等な靴をはいたときは、ハンカチもそれに合わせて上等の品を使う。

さらに勇気も必要だ。いつも他人と同じような服装ではおしゃれとは言えない。周囲がおっと思うような服を着るときには勇気がいる。しかし、その服を自信を持って着こなしたときの気分は格別だ。また新しいおしゃれに挑戦しようという勇気もわいてくる。いろいろな服を着こなせるようになる。

また、適応力も身につく。今日は寒いからコートを着よう。暑いから半袖にしよう。こうした適応力は生活の技術である。季節を先取りするのも楽しい。暖かくなってきたとき、誰よりも早く半袖を着る人は、おしゃれ心のある人だ。

こうして毎日の服装に気を配っていると、不思議と内面的な気力も充実してくる。キリッとドレスアップしたときの緊張感と、ラフな服でくつろいだときの弛緩、というリズムもできる。他人の眼を適度に意識することもいい刺激になるようだ。

今まで服装などに興味のなかった人、特に男性も、ぜひこれからはおしゃれに気を配っていただきたい。だいたいそのほうが異性にモテる。それがまた気力を充実させる原動力になること間違いなしである。

整理整頓は気持ちの整理にもつながる

自分でも理由がわからないまま、落ち込むことがある一方で、落ち込む原因がはっきりしているときもある。例えば失恋だ。

ある女性は、そんなとき、相手のことを思い出させるようなものはとことん捨ててしまうのだという。すべてを断ち切るために、とにかく捨てるのだという。プレゼントや写真、デートのときによく着た服等々。イヤなことを忘れるために、こんなふうに徹底的に捨てるのもいいのではないだろうか。

仕事で失敗をやらかしたときも、それを思い出させるようなものはすべて処分してしまう。もちろん、無責任になってもいいということではない。けれども、もうすんでしまって仕方のないことは、気持ちを切り替えるために処分してしまうのは、悪いことではない。

特に忘れたいことがあるわけではなくても、掃除や整理整頓をするのは、気持ちの切り替えに役立つ方法だ。

どうも仕事に集中できない、考えがまとまらないというときに、机の上を片付けたり、いらないデータを捨てたり、ファイルを整理したりといった作業をすると、すっきりすることがある。

もちろん、忘れていたデータで必要なものが出てきたり、あれこれひっくり返したためにアイデアが生まれたり、という現実的な効用もある。

特に頭を使う仕事の人は、掃除をしよう。掃除は一種の運動だ。頭を使って疲れたあと、何も考えずに黙々と掃除をすると、なぜか心も落ち着いてくる。床のふき掃除とか、トイレ掃除もいいだろう。お風呂のタイルや溝を黙々とブラシでこするのもいい。洗い上がったときは、気分もすっきりさわやかだ。

年末に大掃除したあと、気持ちがさっぱりしたという経験は誰にでもあるだろう。

周囲がピカピカしていると、なぜかやる気がわいてくる。大掃除ほどでなくても、日常的に気分を改めるために掃除を活用するわけだ。

掃除なんて女性が好むものだと思っている男性は、考えを改めたほうがいいだろう。掃除のできる人は、仕事もできるようになること請け合いなのである。

悩みを文章化する効用

ひとりで考えていると堂々巡りするだけの悩みでも、文章に書いてみると不思議と整理されてくる。「文章を書くのは苦手」という人でも、箇条書きでいいから書くことを試してみてほしい。別に他人に見せるわけではないのだから、文章が上手か下手かなど、気にする必要はまったくない。

さて、あなたは今、どんなことで悩んでいるだろうか。ちょっと書いてみよう。

「陰険な上司がまとわりついて、ほんとイヤになる」

「頑張っているのに、ちっとも評価してもらえない」

「ほんとうの友達ができない」

もっと不満を言いたいなら、さらに詳しく書いてみよう。

「今週言われたイヤ味ワーストテン」

「今度こそ、絶対こう言い返して逆襲してやる」

文章を書くというのは不思議なもので、書いているうちに気持ちがすっきりしてくる。これは感情を表に出すということに通じるものだ。

また、紙の上に書かれたものを読んでいると、少し冷静になって事実を見ることができるということもある。人と話していると考えが整理されてくるのと同様に、書いているうちに頭の中が整理されてくるのである。

「意地悪な上司にはこんな言い方をすれば伝わるんじゃないか」と、相手とのやりとりのシミュレーションにもなる。また「こう言ったら逆効果かな」といったことが見えてくることもある。

さらに、悩みの解決法まで考えて書き出していけば、もっと頭の中が整理されるだろう。有効か無効かはひとまずおいておいて、考えられるかぎりの解決法、今の自分ならできそうなことを箇条書きにしてみよう。

そのうちに、あなたなりのうまい方法が見つけだせるはずだ。

ちなみに私も、頭にきたことを書きなぐっては段ボールにポイと入れるという方法をとっている。これもなかなかすっきりするということを記しておこう。

どんなときも友人は元気の源である

私は、今でもパーティーのお誘いがあると、なるべく出かけるように心がけている。もちろん、家でゆっくりしたいと思うときもある。しかし、思い切って出かけてみると、必ず「来てよかった」と思えることが何かしらあるのである。

忙しくて疲れていたのに、久しぶりの友人に会って話がはずみ、すっかり元気になることもある。また、ひょんなことから意気投合して、新しい交友関係が生まれることがある。

パーティーで、あまりよく知らない人の中に入っていくのが好きだという人がいる。身のまわりの人間関係で落ち込んだときには、そういったこととは関係のない人と会いたいと思うのだそうだ。自分が落ち込んでいる原因を知っている友人と会うと、結局そのことを話したりして気分が変わらない。けれども、まったく違う場所にいると、日常の生活と関係のない世間話や、楽しい趣味の話で時間が過ぎていく。それで心がホッとするという。確かにそうだろう。

人間関係は、落ち込みの原因もつくるが、やはり最後にあなたを救ってくれるのは、あなたの家族や友人との関係だ。

だから、普段から人間関係を広げておくことをおすすめする。友人がたくさんいれば、あなたが落ち込んだときに助けてくれる人間がそれだけ多くいるということだ。数は多くなくても、ほんとうに腹を割って話せる友人がいれば、それも心強い。

しかし、友人は黙っていてもできるというものではない。ちょっと億劫でも、いろいろなところに出かけてみよう。その積極さがきっとすばらしい交友関係をもたらしてくれることを保証しよう。友人と誘い合って人付き合いを広め、徐々に信頼関係を深めていこうではないか。

友人は人生の宝物だ。昔からの友人は、歳をとればとるほど大切な存在になる。しかし、いくつになっても新しい友人はつくっていきたいものだ。

飲まれなければお酒はストレス解消の妙薬

一杯飲みながら、ほろ酔い気分で会話を楽しむのは、いちばん手軽なストレス解消法ではないだろうか。気の合う仲間と飲むのもいいし、ときには上司や後輩など、年代や立場の違う相手と飲むのもいい。異性と飲むのも楽しい。

アルコールの効能は、精神的な抑制をすみやかに解消してくれることだ。お酒を飲む人なら、酔うほどに抑制がとれていくあの解放感がわかるだろう。幸福感につつまれ、快活になり、束縛から放たれていくような気分だ。

また、アルコールは、体に必要な睡眠と食欲の増進にも役立つ。一日の生活にピリオドを打つ節目になる。お酒を飲んでいると「今日も一日が終わった」という充足感に満たされ、生活にメリハリがつくのである。

だから私は、一日の締めくくりにお酒を飲むことにしている。一日の最後に句点を打つことで、次の日にあれこれストレスを持ちこさないように工夫しているのだ。お酒を飲むひとときが私の一日のリフレッシュ休暇なのである。

しかし、アルコールには依存症や酒乱などマイナスの面もあるので、適正飲酒を心がけたい。

もっとも私は、「ヤケ酒は青春時代に二度許される」と以前本に書いたことがある。人生には数多くの難関がある。そして、最大の試練が青春時代に待ち構えている。新入社員なら初めて任された仕事などがそれである。現実は厳しい。自分のほんとうの実力というものを、そのとき痛感させられるのである。そんなときに酒を飲むことでほんとうのスタートラインが見えてくるというのが、一度目のヤケ酒だ。

そしてもう一度が失恋したときに飲むヤケ酒だという話なのだが、この「ヤケ酒二回論」とはつまり、酒で憂いが晴れてもそれは一時しのぎであって、根本的な原因をアルコールで忘れることはできないということである。

そこまで酒に求めるのは酒に対して失礼であるというのが、酒好きな私の考えなのである。

ご存知の方もいらっしゃるかもしれないが、実は私は「アルコール健康医学協会」の会長を務めている。

我が協会の提唱する「適正飲酒」のポイントは、酒量は日本酒二合以内、ビール二本以内、ウィスキーのダブル水割り二杯まで。休肝日は週二日。二十度以上の酒は薄めて飲む。酒は食事といっしょにとる。ひとりではなく、大勢で楽しく愉快に飲むなどというものだ。

酒に飲まれずに酒とうまく付き合っていくために、ぜひ「適正飲酒」を実行してもらいたい。一度アルコール依存になってしまうと、おいしくお酒を飲むことが難しくなってしまうからだ。いつまでもお酒を愛でることのできる、賢い酒飲みになってもらいたい。

ただし、人間、七十歳を過ぎたら酒量は「適正飲酒」の半分に控えることである。

明日への活力を生むグチり方

イヤなことがあると、ついグチりたくなることがあるだろう。しかし、相手が自分の思うとおりにならないのを恨んだり、グチったりしても何も変わらない。だからグチを言っても仕方がないし、あまり前向きな行動とは言えない。

おまけにグチってばかりいる人は、たいていその状況を変えようという行動が伴わないもので、そのためいつまでもグチの連鎖から抜け出せない。

だけど、人間、グチの一つも言わずに立派に生きていけるかというと、そうでもない。言っても仕方のないこととは思っても、ついグチりたいときもある。誰かにその気持ちをわかってもらいたいときもある。弱音を吐き、友人に「大変だね」と一言声をかけてもらいたい。それで気がすむということもあるのではないだろうか。

それがわがままだということも、あなたはわかっているだろう。しかし、そんな勝手な言い分を聞いてくれる相手を持つのは大切なことだ。

グチをこぼせる相手は、できれば自分と同じような仕事をしている、お互いの状況がわかり合える立場の人がいい。あまり近すぎる関係ではないほうがいいだろう。というのは、あなたのグチが周囲に伝わってしまう可能性もあるし、そこから新たなトラブルの火種が生まれてしまうことがあるからだ。

また、批判的な人や、お説教やアドバイスばかりする人よりも、余計なことを言わず共感を持って聞いてくれる人がいい。相手もグチっぽい人ではいけない。不幸者同士が集まってグチグチしていると、余計に辛気臭くなってしまう。それより、ひとしきりあなたがグチったら、笑い飛ばしてくれて、「さあ、また頑張ろう」という気分にさせてくれる明るい人がいいだろう。

グチるときは制限時間をつくるといい。そしてグチったあとはスッキリ気持ちを切り替えて、解決への行動を始めることだ。

朝型人間で気分爽快

悩む人、悲しむ人のイメージというと、夜、暗い部屋の中でぽつんと座っている人の姿を思い浮かべないだろうか。

いささかステレオタイプの発想かもしれないが、あながちはずれでもない。朝の目覚めが早く、午前中からスッキリした頭で活動できる朝型人間と、目覚めが悪く、午後遅くになってようやくエンジンが快調となって、深夜まで活動できる夜型人間では、後者のほうが心が疲れやすいのである。

朝型人間と夜型人間とでは体内時計が数時間ずれている。夜型の人の体内時計が遅れているのであるが、これは低血圧や遺伝的な要素も考えられるが、生活習慣によるところも大きい。

夜早く寝ようとするが、なかなか寝つかれない。アルコールに頼ってでも早く寝ようとするが、あまり効果がないどころか、かえって寝つきが悪くなり、さらに夜型が進行する。悩みなどを抱えているときは、暗い中でもんもんとして余計つらくなるという悪循環におちいってしまうのだ。

うつの傾向がある人や、悩みを抱えている人で、生活が夜型の人は、なるべく朝型にシフトしたほうがいい。

そのためのポイントは、睡眠薬やアルコールに頼らない。夜遅くまでテレビを観たり、精神集中を必要とする作業はなるべくしない。早い時間に目覚ましをセットして寝る。部屋を閉め切らず、陽が入る部屋で寝る。二度寝をしない。昼寝をしない。夜眠くなったらすぐ寝る。そして、翌日も早く起きる努力をする。

「早起きは三文の得」とは古くから言われることだが、これは心の健康にもあてはまることなのである。

正しい睡眠がプラス時間のもとになる

心の安定した生活をするためのポイントは、なんといっても睡眠をうまくとることだろう。十分な睡眠をとることが、ストレスを解消し、心の落ち込みを吹き飛ばす最善の方法の一つと言ってもいい。

睡眠時間は普通八時間がいいとされている。しかし、この時間数には根拠がない。この八時間という数字は、ある中世の哲学者が養生訓のようなものを書くとき、一日を単純に三分割したものにすぎず、それが社会に定着したそうだ。睡眠は時間ではなく中身が問題だ。睡眠不足が高じれば、人間は自然にどこかで寝るものなのである。

熟睡できるかどうかは、寝室の環境次第である。まずは静かで暗いことが第一条件だ。気になるのは騒音だが、耳栓をするとか、逆に音楽を流すなどして、その騒音を打ち消してしまうのだ。自分が予測できない音はたとえ小さくても気になるが、自分が了解していて入ってくる音は気にならない。

寝具は柔らかくなく、かといって硬すぎずというのが基本だ。掛け布団は軽くて保温性が高くて放湿性のあるものがいい。

さらに寝る前には、心身をリラックスさせることである。例えば運動をしたり、仕事に集中して取り組んだ直後は眠ることを控え、しばらく体を休めよう。そのようなときはしばらく興奮状態が続いているので寝つきが悪くなる。

もちろん、規則正しい生活をすることは言うまでもない。また、眠れないからといって焦らないことである。意識しだすと寝られないから、無理にと思わず、時間の流れに身を任せるといい。

気がついたら朝がやってきて、気分はすっかりリフレッシュされているはずである。

動物の癒し効果

少し前の話になるが、テレビＣＭの影響でチワワ犬が一躍人気を集めたという。小さな体につぶらな瞳で見上げる姿がたいへん愛らしく、心癒されるのだそうだ。

確かに、動物のかわいさというのは、何ものにも代えがたいものらしい。知人の女性は、子どもが「犬を飼いたい」と言うことに最初は反対していた。ところが、いざ飼ってみたら、くんくんと擦り寄ってくる犬の姿に、彼女がいちばん魅せられてしまったという。

また、ある女性は、「犬は私を裏切らない」と言う。

彼女がひとりで泣いていると犬が寄ってきて、涙をなめてくれるのだそうだ。犬は人を責めない。ただ黙って、ご主人が悲しそうにしているのを心配してくれるのだ。

ひとり暮らしの女性で犬を飼う人は多い。人間にはスキンシップが大切であるが、ペットがその役割を果たしてくれる。また、ひとりで悩んだり苦しんでいると堂々巡りをしてしまうが、ペットがそばにいるだけでも気分はまぎれる。それだけで温かい気持ちになるものだ。

これは犬に限ったことではなく、猫、ハムスター、鳥や熱帯魚でもいい。ペットと心を通わせることが、きっと、あなたの毎日を楽しいものにしてくれるだろう。

もちろん、心を通い合わせるのはペットだけ、というふうに閉じこもってしまうのは賛成できない。ペットも大切だが、人間関係も大切にしてほしいのだ。

何ごとも「八十パーセント」がちょうどいい

傷ついたり、悲しみに暮れている人たちは、前向きな気持ちになることだ。

しかし、前向きになっても完璧な結果というものを望んではいけない。この世の中に完璧な人間というものは存在しない。だから完璧を望むと無理が生じる。するとまた心に余分な負担がかかってくる。

私は折に触れて、社会生活を快適に営んでいく基本は、何ごとも八十パーセント主義でいくことだと言っている。

友人に「完璧な友人」を望むから、ちょっとした言動が頭にくる。パーフェクトな仕事をしようとするから、わずかなミスで自分のことがふがいなく思える。

スランプや落ち込んでいる状態のときも同じだ。元の状態に百パーセント戻ろうとする気持ちが焦る気持ちをいたずらに増幅させる。

それが、完璧でなくてもいい、八十点の評価でいいということになれば、もっと気楽な人生が過ごせるのではないか。つまり、他の少々の欠点や失敗があっても目をつぶってやり過ごせばいいのだ。

また自分の失敗だったら、失敗は成功の基と思って取り返せばいい。人からいちいち言われなくても、人間はその時期になれば自然に気づくものなのだ。

実は私は、最近、八十パーセントどころか、何ごとも六十パーセントでいいと思うようになった。歳をとってきたせいか、何でもやり遂げなければすまないという気持ちがことさら薄れてきたようだ。

若い人なら、あれもこれもやりたがって失敗し、絶望的になることもあるだろう。しかし、何にもやり遂げられなくても、それはそれで人生というものなのだ。やり遂げたことが偉いのではない。やろうと思う前向きの姿勢が貴いのである。

心を覆うさまざまな暗雲を払うには、何ごとも八十パーセント主義でいくことである。

第5章

心が前向きに変わるヒント

あなたの人生が順調に進んでいると言える理由

人間は学習することによって成長する。そして、いかにして学ぶかといえば、それは失敗の経験によってなのである。

それは自分が子どもだった頃を振り返ってみればわかるだろう。算数の計算だって、最初はわからない。間違いを繰り返しているうちに理解するようになり、計算式が解けるようになる。

学校を卒業したら、もう一切学ぶことはないかと言えば、そんなことはない。会社に入ったら仕事を一から身につける必要がある。キャリアとは、いくつもの壁にぶち当たることで蓄積されるものである。

人間関係にしても、一言一句まったく同じやりとりというものは存在しない。仲のいい友達と話すのでも、初対面の人と話すのでも、厳密に言えば、すべてが初めてのやりとりなのだ。そう考えると、そこに行き違いやトラブルが生じるのは当たり前のことなのだ。

そして、付き合いを重ねることで失敗や成功の経験を蓄積していって、よりよい行動のとりかたがわかってくるのである。そういう意味で、さまざまな場数を踏むことが大切なわけだ。

世の中に、失敗を知らない成功者はいない。むしろ失敗をいくつも重ねてきたからこそ、成功を手に入れることができたのである。

失敗体験の記憶というのは強烈だ。特に年齢が上がるにつれて、なかなか簡単には忘れられない。しかしそれを嘆き悲しむのではなく、成功への踏み台とすることである。

そう考えれば、つらいことやミス、過ちなどが起きたときにくよくよ悩みすぎることが、いかにもったいないことかがわかる。もちろん反省することは必要だが、必要以上に落ち込むことには意味がないのである。

だから「もうイヤだ」ではなく、「また一つ経験値が上がった。自分の人生は順調に進んでいる」と思うことだ。すぐにそのようにとらえることはできないかもしれないが、落ち込んでいる気分を趣味や運動などでなるべく早くリセットして、徐々に気持ちを前向きに変えていけばいいのである。

大切な人の存在が、あなたを前向きにしてくれる

心の免疫力というものがある。

苦労しながら成長してきた人は、困難にぶつかったときにも落ち着いて対処できるし、それに耐えていく力がある。反対に何の苦労もなく生きてきた人は困難に耐えられず、どうしたらよいかわからずパニックになってしまう。

上司に叱られてばかりいる部下は、叱られても「また言ってるな」くらいにしか感じなくなるものだ。ここまでくるとふてぶてしいが、これも免疫であろう。

心の免疫力というのは、精神的な強さがないと発揮できないものである。

「自分は弱い人間だから」と後ろ向きになる必要はない。あなたが大切にしている人、愛する対象を持ち、それを心の支えにすることで、心の強さが生まれるのである。大切な人がいる人というのは強い。多少のことではへこたれない。マイナスのことでも「あの人のためにも乗り切ろう」と前向きにとらえられるのである。

あなたのまわりにも、家庭を持ってしっかり者に変わったという人がいるだろう。

家族に対する愛情と責任感がその人を強くしたのである。

もちろん、大切な存在とは、恋人や家族でなくてもいい。友人でもいいし、片思いの相手や、ときにはペットでもいいだろう。その存在があるから頑張れるのだというものであればいい。

もっとも、その対象のために何がなんでも頑張らなければならないと思い込んだり、頑張った分の見返りを求めたりしてはいけない。そうするとその存在が負担になったり、苛立ちの原因になったりする。あくまでも自分の心の中で、ひそかな支え程度にとどめておくのがよろしい。頑張ったら自分で自分をほめてあげよう。

無償の愛情を捧げる相手がいる。その存在があなたの心を豊かにし、前向きに変えてくれるのである。

願いを口に出してみよう

「ガンの人でも祈りによって快癒する」

いかがわしい宗教団体のくどき文句とも思えるような言葉だが、実はこれ、ノーベル賞を受賞した医学者、アレキシス・カレル氏によるものである。

もちろん、誰でも祈れば治るというのならば、薬も医者もいらない。しかし、そのようにして治った人たちが存在し、また特別な体質だったというわけではないという。

このことに関して、私は同じ医師として、前向きな人は病気に強いということは言えると思う。「病は気から」という言葉を引くまでもなく、前向きになることは、楽しくかつ安らかに生きるための基本姿勢である。だから、「治る、治る」と念じたり口に出すことは、あながちバカにはできない。

特にストレスや悩みなどでくじけているときなどは、この方法は有効である。心が傷つきやすい人は、何かイヤなことがあると、そのマイナスイメージをいつまでも引きずってしまうことが多い。折に触れて思い出したり、細かいところが絶えず気になって、そのたびに落ち込み、なかなか先へ進めない。

しかし、たいていの日常生活の問題は、実は自分の気持ち次第でプラスにも、マイナスにも変えられるものなのである。

例えば、仕事の失敗や人間関係での悩みでも、「最後にはうまくいく」と思っていれば、そのマイナス要素もプラスへのステップととらえられるのである。

前向きなイメージや願いを絶えず思い描くことは、簡単な自己暗示にもなるし、マイナスの状況から脱するためのエネルギーになってくれる。

気持ちを楽にしたり、力が欲しいとき、何か前向きな言葉を発してみよう。現状が好転していくことも決して少なくないはずである。

夢を持つことは決してムダではない

夢や希望を抱いて生きる前向きな人は強いと書いた。実際、そのような人はまわりの目にはとても魅力的に映る。

その一方で、ときどきその夢につぶされてしまう人もいるようだ。夢を描いたはいいが、なかなかその夢がかなわないので、しだいに不満がたまってしまうのである。

不満をためてしまうようでは、何のための夢だかはわからない。こんなことなら夢など最初から持たなければよかったということになってしまう。

せっかくの希望が不満の原因になってしまうのは、その実現に向けての過程に問題があるのではないか。

例えば、「イタリアに行きたい」という夢を描いたとする。ここからが肝心である。イタリアに行くチャンスが訪れるまで、ただ漫然と待っているだけではいけない。待っているだけで何もしないでいて夢が実現するわけはない。実現するのは、行けないことで生じるストレスと、それに伴う心身の不調だけである。

それではどうすればいいか。夢に関係のあることで、すぐに行動に移せることを、「小さな目標」としてこまめに設定していくのである。

旅を楽しむために、言葉を勉強したり、事前に観光スポットの知識を仕入れる。旅行用の通帳をつくって毎月少しずつ貯金する。あるいは、まとまった休みをとるためにいろいろと根回しをするというのも手である。

こうして実際に行動していると、学習の進み具合や行動、貯蓄の実績という目に見える形で、夢に一歩一歩近づいていくのを実感できる。

これが実感できると、満足感と同時に次への励みというプラス感情を手にすることができ、夢がふくらんでいく。

人生には思いがけないことが起こる。もし夢が実現することなく終わるようなことがあっても、こうして夢の実現への歩みを実感することができた人は、夢に向かって歩いてきた日々を大切な思い出とすることができる。

そして夢を持つことがムダではないと思い、また次の夢に向かって歩み始めるのである。夢を持とう。そしてその実現のために、小刻みな歩みをしていこう。

焦らず、のんびり、おおらかにいこう

現代は、つくづく忙しい社会だ。最新の情報が次々と飛び交い、人々はそうした情報を追いかけ、その一方で時間に追われる。

もっと焦らず、のんびりいこうではないか、と思う。とはいっても、若く、ばりばり働いている人などにそんなことを無理に求めるのが酷なのはわかっている。

だから、せめて心が疲れてきたときくらいは焦らず、のんびりいこう。

心が疲れやすい人は、たいていはとても真面目であり、人の話をよく理解する。ただ誰よりも反省心が強いということが、病におちいる原因になっている。そうした人

は、誰かにゆっくり話を聞いてもらい、十分に休養をとればいい。

しかし、会社勤めをしているような人が心の病におちいった場合、何カ月も会社を休まれるのは会社にとっても家族にとっても、そして本人にとっても気になるところだ。特に、ただぶらぶらしていることが、あまりよく見られない世の中だ。休養をとっているはずなのに「遊ばせておいてはいけない」と周囲は考えがちである。

そんな非難や心配の声を聞いてしまうと、本人は、もともと根が真面目であるし、「このままでは取り残されてしまう」と焦るわけである。そして、完治していないのに「じゃあ来週から出社します」と安請け合いをして、さらに深みにはまってしまう。このようなときは、仕事や勉強という重石をいったん完全に取り除いて、自分を取り戻すまでじっくり待つことである。

このことはもちろん、ちょっとした心の悩みやケガの回復にもあてはまることだ。追いつ追われつして、焦って、不安になって悩むよりも、さまざまな束縛から解き放たれて、ゆっくり、のんびり時間を過ごすほうがいかに心の健康にプラスであるかは、容易に想像がつくだろう。

いくらスピードの速い世の中とはいえ、時間はあとでいくらでも取り返せる。このように前向きに考えてみよう。そして、穏やかにゆったりと心の休息の時間を味わっていただきたい。

みんなも同じだと思えば心が晴れる

自分にとって自分の悩みは重大事だが、他人の悩みというのは「なんでそんなことで悩んでいるの？」と不思議に思えることがないだろうか。

ここにも前向きに生きるためのヒントがある。

ある男性は、自分が離婚経験者であることを心の負担に思っている。「自分は一度結婚に失敗した男であり、別れた妻がいる」ということを、現在の彼女に対して申し訳なく思っている。

彼女は自分よりずっと若く、他にもっといい男と結婚するチャンスがいくらでもあるように思える。ほんとうに自分でいいのだろうか。彼女は平気な顔をしているが、実は別れた妻のことを気にしているのではないだろうか。

ところが彼女と話をしてみれば、全然そんなことは気にしていないのである。今時バツイチの人なんて珍しくないじゃない、バツイチの男性と結婚している友達けっこういるわよ、とケロッとしたものである。

結局、悩みというものは本人のこだわりでしかない。この彼は離婚は人生の挫折だと思っている一方、彼女のほうはちっともそうは思っていない。つまり、彼は彼女に対して負い目を感じる必要はまったくないのである。

そう考えると、彼の悩みは空想や妄想によるものでしかない。自分でその妄想から抜け出すしかあるまい。

あなたの悩みも、そんな空想的なものではないだろうか。現実に困ったことが起きていないのに、勝手にいろいろ予測して困ったり、相手の気持ちを推し量りすぎて悩んだりしていないだろうか。

自分の悩みを話してしまえば、それだけですっきりすることもある。

「みんなもそうなのか」「みんなこんなことは全然気にしていなかったのか」ということが意外と少なくないはずである。また、人間である以上、ほかの人たちもあなたと同様に、まわりの人から見れば悩みとは思えないことで悩んでいるはずである。

まわりの人たちの悩みが、あなたにとってはたいしたものでないように、あなたの悩みも、まわりの人たちにとってみればたいしたものではないのである。

そう考えれば、気持ちの持ち方がずいぶん変わってくるのではないだろうか。

トラブルは正面から向き合うといい

犬の近くを通るとき、吠えられたらイヤだな、イヤだなと思っていたら、ほんとうに吠えられたという経験はないだろうか。こちらが恐れを抱いていると、犬はその雰囲気に感づき吠えるというわけだ。

犬が怖いという人は、なるべく犬と出会わないようにすることである。それでも犬と出会うことがあったら、落ち着いて対処の方法を考えることが必要である。恐れず、正面から向き合うことだ。そうすると、意外と犬も吠えてこない。

これは犬に限ったことではなく、人生のさまざまな不幸に対処する態度と共通することである。イヤなこと、トラブル、人間関係の不和、仕事の行き詰まり等々に襲われたとき、いかにこれを乗り切るかは、「背中を見せない」というところにコツがある。後ろ姿を見せてしまえば、犬が追いかけてくるように不幸もかさにかかってあなたの心を不安定にさせるのだ。

「なんでこんな目にあうんだ」と怒るのも効果はあるようだ。実験などによると、怒りの感情を起こすことで、一時的にストレスに対する抵抗力が上がるという。しかし、それはもっても五日が限度で、いつまでも怒っていると今度は逆に抵抗力が低下するというデータもある。怒るときは積極的に怒り、さっさと忘れるというのがよさそうだ。

怒りも悲しみも、これに対処するためには、つねに「もうイヤだ」という気持ちを引き起こす原因から目をそらさないことだ。これは、危機を乗り越える最良の手段と言える。前向きであれば、危機は見た目の大きさよりも実は小さいのだとわかってくるのである。

前向きの「フリ」をすれば、ほんとうに前向きになれる

気分が明るくなると、顔つきも明るくなる。顔の表情には、その人の心が表れるものだとよく言われる。

それでは気分が暗くなってきたら、その逆をいってみよう。つまり、無理をしてでも明るい顔をすれば、心のほうも明るくなるのではないか。

アメリカの心理学者が、「嬉しいから笑うのではなく、笑うから嬉しいのだ。悲しいから泣くのではなく、泣くから悲しいのだ」と言っている。

なるほど、笑い顔をつくっているうちに、ほんとうに腹の底から笑い声が出てくることもある。逆に無理にでも涙を流そうとしていると、だんだん悲しい気分になってくる。「形から入る」という言葉があるが、まさに表情をつくることで感情を制御できるということがあるのだろう。

だから私は常に人に、「プロの笑顔を見せなさい」と言うことにしている。プロの笑顔とは、例えば落語家の笑顔である。落語家は、父親を亡くした日であっても、高

座に上がったらにこにこした顔をしなければならないのだ。

　また、あるスタイリストの女性が、セルフコントロールのためには、鏡を使って自己管理をするとよいと言っている。家族がいる人は、まわりの目を意識して身だしなみや表情に気をつけるが、ひとり暮らしだとついつい緊張感をなくしてしまう。そこで鏡という視線を利用して心のコントロールをするのだそうだ。

　ところで最近は、他人に対して無関心を装うことが珍しくない。例えば、勤務先がいろいろな会社が入っているビルの中にある場合、他社の人とエレベーターなどで出会っても、お互いに会話を交わすことはないだろう。

　しかし、そんなときに、ほかの会社の人から「こんにちは」と笑顔で挨拶されたら、誰でも嬉しくなってくるはずだ。そうして、笑顔を見せてくれた人に悪い感情を抱くことはないはずだ。これも笑顔のもう一つの効用である。ギブ・アンド・テイクというが、相手から好意を受けるためには、まずは、こちらから好意を示すことである。

　そうすれば、プラスの時間がまわりだしていくのである。

自分は幸せになる運命だと言ってみよう

私は生来の楽天家である。気持ちが追い込まれても、つねづね「どんな人もみな幸せになる運命のもと存在している」と考えることにしている。

生まれてこないほうがよかったなどという人は、世の中にはひとりもいない、それぞれの人がそこにいることを望まれて存在していると、私には思えるのである。つまり、望まれてここにいる以上、自分という存在は幸せになれると信じてよいのである。

それなのに勝手に自信喪失したり、自分を卑下してしまうのは、おかしな話だとすら思っている。

これは、自分を元気づけるおまじないのようなものなのだが、暗示にかかりやすい私にはけっこう効く。

口の中で小さく、「私は幸せになる運命だ」と言ってみる。すると少し元気になれる。自分に対する肯定感が生まれると、それは体にもいいようだ。

だから迷ったときは、自分は幸せになるために存在しているのだから何を選択しても大丈夫、小さなミスはあっても必ず悪いことにはならないだろうと思うことにしている。いろいろあっても結果はうまくいくだろうと思っている。そう考えると明るい気持ちになれるのである。

実際、このようにある種の開き直りができるとだいたい状況が好転してくる。さらに、自分がよく見えてくる。見失っていた自分を取り戻すことができるようになる。

これだけ世の中が複雑になると、人は自分を見失いがちである。それも仕方のないことかもしれないが、もっと自分を信じて、自分の生きたいように生きてもいいのではないか。

「私は幸せになる運命だ」

自分を信じることは、前向きに生きることにつながっているのである。

自分は幸せだと思えば幸せになれる

人間は平等か、不平等か。それは何を基準にして考えるかで異なってくるだろう。

例えば会社の給料。あの人とこんなに差があるのは不公平だと思ったとする。しかし人間が仕事をする以上、やり方も時間も違うのだから、まったく同じ仕事の結果というものが存在するわけではない。時間給で払うのか、能力給で払うのか、能力とは何か、などと突き詰めていったら、ほんとうに平等・公正な給料を支払うことなど不可能だということがわかる。そもそも、人を評価し、給料を支払うのも人間である。客観的な評価をしているつもりでも、そこにはおのずと主観が入り込むのである。また、肉体的な条件だって平等ではない。人間みな同じ顔で生まれてくるわけではない。

結局のところ、何がほんとうの平等なのかということは、誰にもわからないのだ。

しかし、絶対に平等だと言えることが少なくとも二つある。一つは、誰でもいつかは必ず死ぬということ。そしてもう一つは、自分の幸せや不幸せというものは、自分で感じる以外、誰にも決められないということである。この点、みんな平等であろう。

もしもあなたが、自分は世界一幸せだと思っていたとする。そのとき、まわりからいくら「いや違う」と言われたとしても関係ないだろう。誰にもあなたの幸せを邪魔することはできない。

反対に、あなたが容姿端麗で、お金持ちで、仕事ができて、まわりからはとても恵まれていると見られているとしても、自分では心から不幸だと思っていれば、それはやはり不幸なのだ。

幸せ・不幸せに客観的基準はない。誰もが自ら幸・不幸を決めることができるのである。

「もうイヤだ！」ではなく「もう大丈夫！」

プラス思考と聞くと、決まって反論する人がいる。

「言葉で言うのは簡単だが、ほんとうに苦しい状況にあるときに、プラス思考で考えるのは難しい。それに悪い予測しかたてられないときだってある。そもそも、悩まずにいつも前向きでいようなんて、前向きの押し売りだし、うさん臭い」

確かに、プラス思考というと、すべて自分の都合のいいように考えることとか、苦しむことを避けて通る方法と受け取られている側面がある。

しかし、ほんとうのプラス思考には、ときには苦しみや悩みがついてまわるのである。大切なのは、悪いことを予測しながらも、いい結果を思い描くことなのである。

「これだけの困難が予想される。でもきっと抜け出せる。その先には明るい未来が開けてくる」と信じ、どう行動するかを考えるのが前向きな思考だ。

決して能天気なものではないし、そんなに難しいものでもないのだ。具体的なイメージが描けないのなら、「これ以上には悪くならない。もう大丈夫。あとはよくなり続けるだけだ」と、現在進行形で考えるだけでもずいぶん違う。

いくらそう思おうとしてもすぐにマイナス思考が頭をもたげてくる場合には、無理やりでもいいから、とにかく不運を幸運ととらえるようにしよう。

「異動」は「新しい仕事に挑戦する好機」に、「仕事のミス」は「目的に近づくための経験」に、「経済的な困窮」は「豊かさに向かう出発点」に、「病気療養」は「必要な休息」にといった具合である。そうすれば、気持ちを前へと動かすことができる。

そして、困難に直面したときには「もう」ではなく、「まだ」で発想しよう。

「もうダメ」ではなく「まだ大丈夫」、「もうおしまいだ」ではなく「まだこれから」、「もうぼろぼろ」ではなく「まだ元気」といったふうに。

単なる言葉遊びだと笑ってはいけない。たったこれだけの意識の持ちようで、気持ちは大きく変わってくるはずである。

「もうイヤだ！」と必要以上に苦しむことは、ほどほどにしておこう。

「もうイヤだ！」という経験は、いずれあなたにプラスに働くものなのである。

「もう大丈夫！」と自分を信じて、一歩前へ踏み出そうではないか。

問題の解決には時間がかかる

人は、仕事においても日常生活においても、さまざまな困難に直面する。

これ以上、この会社で働けない。いくら頑張っても営業の成績が伸びない。いつまでたってもこのつらい状況から抜け出せない。もう決定的に人間関係が修復不可能になってしまった。

こうして、もはや物事を先に進められないと判断したとき、たいていの人は「もうダメだ」と感じ、無力感にさいなまれる。

しかし、何事も自分の思いどおりにいくことはまずない。困難にぶつかり、なんとかしようとあがくことで人は成長するのである。

やれるだけのことをやった結果、あなたが望むような成果を得られなかったとしても、その経験はあなたにとって後々必ずプラスに働く。

だから、「もうダメだ」と思って必要以上に苦しむことはやめにしてほしい。全力を尽くしたと心から思えるのであれば落ち込んだりせず、むしろ自分をほめるくらいの心持ちでいればいいと私は思う。

ただし、問題の解決には、ある程度の時間がかかるということは覚えておいて損はない。たとえば、誰かとけんかをして、仲直りをしたい場合、相手の気持ちが落ち着くまでには、一定の時間がかかる。その間に、謝ったり、ご機嫌をとったりしてみても、すぐには関係を修復できない。相手の気持ちが落ち着くまでは待つしかない。

仕事をする場合も同じだと思う。今日立てた企画が、明日、花開いて、利益に結びつくというようなことはまずあり得ないだろう。計画を立て、何年もかけて準備をして取り組んだプロジェクトが花開くのは、三年後かもしれないし、五年後かもしれない。会社の命運を左右する大きな事業ほど、結実するまで時間はかかるだろう。その間は、自分たちのできる最善のことをしながら待つしかない。

ビジネスの世界では、スピードがますます重視され、迅速な問題解決を迫られる。そんな世界に身を置いている人たちは、まわりの人が成果を挙げているのを見て、成果を挙げられない自分を情けなく思い、落ち込むかもしれない。

しかし、それは彼らがそれまで人知れず苦しみ待った結果、得られた成果であることも少なくない。

そもそも、時間をかけなければ解決しない問題は、世の中に山のようにある。待つことができなければ、そのような問題を解決することはできない。

仕事でも人間関係でもスピードは大切だが、同時に、待つこともまた大切である。急ぐこともできるし、じっくり待つこともできる人が、人生で本当の幸せをつかむことのできる人なのだ。

怒っても事態は悪化するだけ、だから待とう

待つことが有効なのは、落ち込んだり、気が滅入ったりしたときに限らない。

職場でも日常生活でも、イライラすることや腹の立つことはたくさんあると思う。

上司の指示がコロコロ変わる。同僚が働かないから、自分だけが働かされる。部下がミスばかりする。連絡したはずなのに相手は「聞いていない」と言う。

そんなことが繰り返されると、イライラが高じて、強い怒りがこみ上げてくるものだ。誰でも腹の立つことはあるから、ときには吐き出すことも必要かもしれない。しかし、そこで一旦こらえることも大切である。たいていの場合、怒ってみても事態は何も変わらない。それどころか、事態が悪化する場合のほうが多いからだ。

頭に血が上っているときは、すぐに行動を起こさないで、しばらく待ってみるといい。どんなに激しい怒りも、何日も連続して持ち続けていることは難しい。ときどき、フッと怒りが薄らいだり、再びこみ上げてきたりして、そんなことを繰り返しながら少しずつ怒りが静まっていく。

しばらくすれば気持ちも落ち着くはずだから、それから行動しても遅くはない。冷静な状態で考えてみれば、どうやって上司と付き合ったらいいか、どうやってその人と接したらいいかというアイデアも浮かんでくるというものだ。

腹が立ったときほど、待つことを心がけてみてはいかがだろう。

悪いことはいずれよくなる

人生はオセロゲームのようなものだ。今まで真っ暗だと思っていたことが、一瞬のうちに明るく輝き始めることもある。

もしも今、あなたがネガティブに考え落ち込んでいたとしても、たった一つのきっかけでポジティブに考えられるようになるときが、やがてやってくる。

これを裏付けるのが先人の知恵だ。例ば「急いては事を仕損ずる」ということわざがある。これは、あまり急ぐとかえって失敗を招きやすいという意味だが、「善は急げ」のように、よいことをするのに躊躇するなということわざもある。まるで矛盾するようなことわざが平気で共存しているのだ。「先手必勝」もあれば「駄馬の先走り」もある。

どちらも真実。つまり、世の中のことは、一面だけではとらえられないということである。表から見るか裏から見るかで、見えるものが変わってくるし、時間の経過とともに刻一刻と変化する。だからどんなときも、いずれプラスに転じると信じて待つことが大切だ。

「もうイヤだ！」の分だけ幸せは大きくなる

人気の料理店にはいつも行列ができている。何時間待ってでもそのお店の料理を食べたいと思う人がたくさんいるのだろう。「そんなに待ってでも、食べたいのか」と思う人もいるだろうが、おそらく「そんなに待ってでも、食べたい」のである。

その店の食べ物がおいしいことは間違いないはずだが、人間は待てば待つほど、おいしく感じるのではないだろうか。

「こんなに待ったんだから」という気持ちが「ああ、ホントにおいしい」という満足感を高めてくれるのである。一時間待てば、一時間分の気持ちが凝縮され、二時間待てば二時間分の気持ちが凝縮されて、おいしさとなって戻ってくる。

待つことは必ずしもつらいことではなく、その後の喜びを大きくしてくれることが多い。我慢して待つからこそ、喜びが増幅されて返ってくる。

待つ行為は、実は、喜びを増やす行動だと言えるかもしれない。待っていればいるほど、その後の喜びは大きくなっていくのだ。

だから仕事や人間関係で「もうイヤだ！」と感じている人は、少し待ってみるといい。確かに、しばらくは時間がかかるかもしれない。待っている間は少しつらいかもしれない。

しかし、少し気持ちを変えてやり過ごせば「いい思い出だった」と思えるときが来る。しかも、かかった時間が長ければ長いほど、そこから抜け出した喜びは大きくなって戻ってくる。

「やっとこの日が来たか。でも、待たされたかいがあった」と思うはずだ。

本書は、二〇〇四年二月に
弊社で刊行した単行本を再編集したものです。

著者紹介

斎藤茂太（さいとう・しげた）

精神科医・医学博士。1916 年生まれ。長年、家族・夫婦・子育て・心の病・ストレスを扱い、「心の名医」として、厚い信頼を集め、執筆、講演活動などでも活躍。歌人・精神科医であった斎藤茂吉の長男。著書に『いい言葉は、いい人生をつくる』『「捨てる」「思い切る」で人生がラクになる』ほか多数。2006 年没。

「もうイヤだ！」と思ったとき読む本
会社、仕事、人間関係が

〈検印省略〉

2016年　5　月　3　日　第　1　刷発行

著　者——斎藤　茂太（さいとう・しげた）
発行者——佐藤　和夫

発行所——株式会社あさ出版

〒171-0022　東京都豊島区南池袋 2-9-9 第一池袋ホワイトビル 6F
電　話　03（3983）3225（販売）
　　　　03（3983）3227（編集）
F A X　03（3983）3226
U R L　http://www.asa21.com/
E-mail　info@asa21.com
振　替　00160-1-720619

印刷・製本　神谷印刷（株）

乱丁本・落丁本はお取替え致します。

facebook　http://www.facebook.com/asapublishing
twitter　http://twitter.com/asapublishing

ISBN978-4-86063-887-0 C2034